JN079649

語源で覚える
TOEIC® L&R TEST
英単語 2000

浅見ベートーベン

明日香出版社

はじめに

　私は学生時代から新しい単語を覚える際には実際に書くようにしてきました。そうするだけであまり苦労をせずに新語を覚えることができました。

　しかし、他にもっと効率的な覚え方があるのではないかと探してみました。すると近年、語源を使って英単語を学ぶ本が好評であることが分かりました。これらの本は語源を詳しく説明してあるので、それに興味のある人たちにとって有効と思います。

　TOEIC、大学受験、英検1級などでハイスコアを取りたいと思っている皆様にとっても、語源で単語を覚えることは有効なので、それを中心にして、類語や反対語や決まり文句なども覚えれば忘れにくく、思い出しやすいと考えました。そこで執筆したのが本書です。

　TOEIC、TOEFL、英検などに出題される単語は近年、特に難しさが増してきました。言い換えますと、これらのテストでハイスコアを獲得するためには、たくさんの単語を知っていなければならないということになります。

　特に長文読解の問題で高得点を獲得するのが難しくなってきました。単語の意味を知らないと、問題を解くのに時間がかかってしまうからです。

　本書では、頻繁に使われる接頭辞や接尾辞とそれらの意味を覚えることにより、単語のスペルを分割できるようになります。

　少し例を挙げてみます。代表的な接頭辞に bi があります。これは「2」を表し、bicycle（自転車）、bilingual（2カ国語を話す）、binoculars（双眼鏡）などの単語を作ります。

　また non は「否定」を表します。fiction（フィクション）に対して nonfiction（ノンフィクション）、alcoholic（アルコールの）に対して nonalcoholic（アルコールを含まない）、

smoking（喫煙）に対して nonsmoking（禁煙）などがあります。このように、non を付ければ、ある単語の反対の意味の語を作るので、2倍の単語をまとめて覚えられます。

less は接尾辞で、「〜がない」を意味する形容詞を作ります。例えば、endless（終わりのない）、countless（数え切れない）、tireless（疲れを知らない）などがあります。

fy は動詞を作る接尾辞で、amplify は「拡大する」、modify は「変更する」、satisfy は「満足させる」などを意味します。

これらの接頭辞、接尾辞などを学ぶことにより、飛躍的に多くの単語を覚えたり、その意味を想像したりすることができるようになります。

最後に、日頃の単語の勉強法をご紹介したいと思います。

例えば、英文を読んでいて、意味が分からない単語が出てきたとします。もちろん時間があれば、辞書を引けばよいのですが、そうでない場合には、前後の文脈からその単語の意味を類推する癖をつけてください。同じ単語が何度も出てくれば、さらに正確に類推できるでしょう。何度も出てくる単語を調べる際にも、その意味を予想しておいて調べるようにすれば、意味の定義を最初から順に探すよりも、的が絞れて、速く正確に見つけられます。

このようにすると、想像力がつき、文脈を理解できるようになります。この方法は会話でも役立ちます。相手が言おうとして、単語が出てこない場合に、助け船を出して、言ってあげるように心がけてみてください。そんなことはできないと、自分の能力に制限をつけないようにしましょう。

読者の皆様が本書を活用して、たくさんの単語をマスターされることを願っております。

浅見ベートーベン

Contents

カバーデザイン　大場君人

本文イラスト　　田中まゆみ

主な語源（語根）のイメージ例

act	ab	ad
行為、出来事、行動する	離れて、退く	〜の方へ、〜へ

af	an	anti
〜に、〜へ	〜に、〜へ	反、非、排、逆、対

astro	auto	be
天体、宇宙、天文、星	自動の、自己の	〜になる、〜にする

bi	bio	by, bye
2、2つの、両方	生命、生物、人生	横の、付随的、副次的

cap	**capt**	**cease, cessa**
頭、チーフ	取る、つかむ、とらえる	やめる、終わる、屈する
cess	**cede**	**ceed, cess**
行く、続く、進む	行く、譲る	行く、越える
ceive, ceit, cept	**cent, centi**	**cept**
取る、受け取る	100、100 分の 1	取る、受け入れる
cir	**close**	**clude**
環、円、輪	閉じる	閉じる

co	com, con	concept
共同、一緒に、共通	共に、一緒に、結ぶ	概念、妊娠

contra	cor	cord
逆、反、対	共に、一緒に、強い力で	心

corp, corpus	cracy	cred, credi
体	政治、力、規則	信じる、信用

cur	cure	cycle, cyclo
走る	注意、面倒を見る	車輪、円、環

de	demi	demo
離れる、下げる、除く	半分の、小さい	民衆、人口、人

dict	dis	doc
言う、言葉	無、反、不、離れて	教える

dom	duce, ducate	duct
状態、範囲、界	導く	導く、誘い込む

em, en	equ, equi, equal	ex
入る、入れる	等しい	外に、外へ

ex	exact	exo
前の、先の、以前の	正確な	外、外部

extra	fact	fect
外の、以外の	作る、行う	作る、行う

fer	fic	fin
なる、運ぶ	作る、形作る	終わり、区切り

flu	for	fore
流れる	禁止、除外	前の、前もって

form	**full**	**fuse, fus, fusi**
形、形式、形作る	完全な、いっぱいの	注ぐ、溶かす
fy	**gen(er), geni, gene**	**geo**
～になる、～にする	生む、生じる	地球、地理、地
grad, grade	**gram**	**graph, graphy**
段階、単位、歩く	書いたもの、軽いもの	書くこと
gress	**hap**	**homo**
進む、歩く	偶然	同じ

hos, host	hemi	hexa
もてなす、主人	半分	6
il	**im**	**in**
無、不、非	不、非、未、無	非、不、無
in	**inter**	**ir**
中に	相互に、間に、途中に	非、不、無
iso	**ject**	**journ**
同一の、島、孤立	投げる、投げ入れる	日

join	keen	keep
結びつける	鋭い	保つ、維持する

labor	lect	log, logue
労働、働く	選ぶ、集める	話、言葉、演奏

magni	mal	micro
大、大きい	悪、非、不完全な	小、微小、小さい

major	manu	medi
大きい	手、手による	中間

meter	mini	mir
計る、計量器	極小の、小型の	見て驚く
mis	**mit, miss**	**mono**
誤った、間違った	送る	1つ、単
×aplle ○apple		
mot	**multi**	**neo**
動かす、動く	多くの、何倍もの	新しい、近代の
neuro	**non**	**ob**
神経、神経の	無、禁、非、不	反対の、上に、逆に

oct	**out**	**out**
8	外の、外へ	より以上に、長く
over	**part**	**ped, pedi, pedo**
超す、過度に、上に	部分、分かれる	足
pel	**pend, pendu**	**pens**
追う、駆り立てる	ぶら下がる、未決定の	支払う、測る、量る
penta	**per**	**photo**
5	通して、完全に	光、写真

ple, plex	pli	ply
たたむ、折る	折りたたむ	折りたたむ、折り込む
point	**poly**	**port**
点、地点	多数の、多量の	運ぶ、導く、港
print	**publ**	**pre**
押す、印刷する	人の、人々の	前、先、予め
pro	**pseudo**	**psych**
前に、～びいきの	偽の、擬似の	霊魂、精神

quad	quart	re
4、4番目	4分の1の	再び、繰り返し

reg	rupt	sal, salt, sau
王の、支配	壊す、引き裂く	塩、塩の

sci	scrib	se, seg
知る、学ぶ	書く	離す、離れて、分ける

sect	semi	seni
切る、切り離された	半分、幾分、〜に2回	古い、年取った

sens	sept	sex
感じる	7	6
sub	sur	sym
下、次、副、やや	上に、高等の	同じ、一緒に、共通の
syn	tact	tain
同じ、一緒に、共通の	触る、触れる	保つ、持つ
tend	terr, terra	tetra
伸びる、延ばす	土、地球	4、4つの

therm	**tort**	**tract**
熱の、温度の	ねじる、曲げる	引く、引っ張る

trans	**tri**	**un**
越えて、横切って	3、3倍の、三重	反対、不、未、無

under	**uni**	**value**
下の、下位の、不十分に	1つ、単	価値

vent	**verse**	**with**
来る	向く	後方へ、離れて

知っている単語から上級レベルの単語まで

同じ語源をもつ単語を
まとめて覚える！

・各単語では主な意味を掲載しています。その単語の全ての品詞の意味を
　掲載していないものもあります。
・2ヶ所に掲載している単語もあります。
・本書では「接尾辞」を「名詞語尾」「形容詞語尾」「副詞語尾」と表記し
　ている箇所があります。

act 〔行為、出来事、行動する、行う〕

□ **act**
〔act（出来事）〕
名詞 「行為」
▶ a heroic act（英雄的行為）
動詞 「行動する」
▶ Think before you act.（行動する前に考えなさい）

□ **action**
〔act（出来事）+ ion（動作）〕
名詞 「行為」
▶ If you don't abide by the rule, we will take a necessary action.
（規則に従わないのであれば、必要な処置を取ります）

□ **active**
〔act（出来事）+ ive（継続して）〕
形容詞 「活動的な」
▶ His son is very active.
（彼の息子はとても活動的です）

□ **activity**
〔active（活動的な）+ ity（状態）〕
名詞 「活動」
▶ I spend at least one hour on physical activity every day.
（私は少なくとも毎日1時間は運動します）

□ **actual**
〔act（行為）+ al（〜の）〕
形容詞 「実際の」

□ **actor**
〔act（行為）+ or（人）〕
名詞 「俳優」
▶ a key actor in the drama（ドラマの主役）
▶ She once was a famous actor.
（彼女はかつて有名な女優だった）
※現在は「男優」も「女優」も actor を使うのが一般的。「女優」actress はあまり使われない。

□ **react**
〔re（再）+ act（行動する）〕
動詞 「反応する」
▶ He reacted violently to the news.
（彼はその知らせに凶暴な反応を示しました）

□ **reaction**　〔re（再）＋ action（行動）〕
名詞　「反応」
▶ He showed no **reaction** to the news.
（彼はその知らせに何の反応も示さなかった）

□ **reactor**　〔react（反応する）＋ or（物）〕
名詞　「原子炉」
※nuclear reactor とも言う。

□ **interact**　〔inter（相互に）＋ act（行動する）〕
動詞　「相互に作用する」
▶ The child doesn't **interact** with other children very much.
（その子供は他の子供たちとあまり交わりません）

□ **interaction**　〔inter（相互の）＋ action（行動）〕
名詞　「相互関係」「相互作用」
▶ the **interactions** between the two drugs
（2つの薬の相互作用）

□ **interactive**　〔inter（相互に）＋ active（行動する）〕
形容詞「対話形式の」
▶ an **interactive** terminal（対話形式の端末）

□ **enact**　〔en（中に）＋ act（行動する）〕
動詞　「法律にする」
▶ The law was finally **enacted** today.
（その法律は本日、ついに法制化されました）

□ **exact**　〔ex（完全に）＋ act（行う）〕
形容詞「正確な」
▶ The **exact** figure is not available yet.
（正確な数字は、まだ手に入っていません）

□ **exactly**　〔ex（完全に）＋ act（行動する）＋ ly（副詞語尾）〕
副詞　「正確に」「まさに」
▶ You are **exactly** right.
（あなたは全く正しい）

ab 〔離れて〕

□ **abdicate**
〔ab（離れて）+ dicate（命令する）〕
動詞 「(王位などを)捨てる」「退く」
▶ The king abdicated the throne/crown.
（王は王位を退いた）

□ **abduct**
〔ab（離れて）+ duct（導く）〕
動詞 「誘拐する」
▶ The millionaire may have been abducted.
（その大富豪は誘拐されたのかもしれない）

□ **abnormal**
〔ab（離れて）+ normal（正常の）〕
形容詞「異常な」
▶ abnormal behavior（異常な行動）

□ **abrupt**
〔ab（離れて）+ rupt（壊す）〕
形容詞「突然の」

□ **absorb**
〔ab（離れて）+ sorb（飲み込む）〕
動詞 「吸収する」
▶ The sales representative is good at absorbing new information.
（その販売外交員は新情報を吸収するのが上手である）

□ **abstract**
〔ab（離れて）+ stract（引き出す）〕
形容詞「抽象的な」
▶ an abstract painter（抽象画家）
▶ abstract art（抽象美術）

□ **abstractive**
〔ab（離れて）+ stract（引き出す）+ ive（〜な）〕
形容詞「抽象性の」

□ **abstraction**
〔ab（離れて）+ stract（引き出す）+ ion（名詞語尾）〕
名詞 「抽象概念」

□ **abuse**
〔ab（離れて）+ use（使う）〕
動詞 「乱用する」「虐待する」
▶ The governor abused his privileges.
（その知事は職権を乱用した）
名詞 「乱用」「悪用」

□ **adapt**　〔**ad**（〜へ）+ **apt**（合わせる）〕
動詞　「適合させる」「順応する」
▶ The sales director **adapted** himself to overseas life very easily.
（その営業担当取締役は海外生活にとても簡単に順応した）

□ **address**　〔**ad**（〜へ）+ **dress**（向ける）〕
動詞　「宛名を書く」「演説する」「話しかける」「取り組む」
▶ The invitation letter was returned because it had been **addressed** incorrectly.
（その招待状は宛名が間違っていたので返却された）
▶ We are worried about how our manager plans to **address** this important quality issue.
（私たちは、上司がこの重要な品質問題にどのように取り組もうとしているか心配している）

□ **adequate**　〔**ad**（〜へ）+ **equate**（同じにする）〕
形容詞　「適切な」「十分な」
▶ The quality of his work was more than **adequate**.
（彼の仕事の質は十分すぎるものだった）

□ **adhere**　〔**ad**（〜へ）+ **here**（くっつく）〕
動詞　「遵守する」「固持する」
▶ Both parties should **adhere** to the terms of this contract.
（両者はこの契約条件を順守しなければならない）

□ **adjust**　〔**ad**（〜へ）+ **just**（近くに）〕
動詞　「調節する」「順応する」
▶ Please **adjust** the volume on the radio.
（ラジオのボリュームを調整してください）

□ **advance**　〔**ad**（〜へ）+ **vance**（前へ）〕
動詞　「進む」
▶ The car **advanced** slowly down the street.
（その車はゆっくりと通りを進んで行った）

A

af 〔〜に、〜へ〕

f の前に来ると ad が af に変わる。

▢ **affect**　〔**af**（〜へ）+ **fect**（する）〕
　　　　　　　動詞　「影響を与える」「感動させる」
　　　　　　　　▶ Our president's decisions could **affect** the lives of all the employees.
　　　　　　　　（社長の決断は全従業員の生活に影響を及ぼしかねない）

▢ **affection**　〔**af**（〜へ）+ **fect**（する）+ **ion**（名詞語尾）〕
　　　　　　　名詞　「愛情」

▢ **affirm**　〔**af**（〜に）+ **firm**（固くする）〕
　　　　　　　動詞　「断言する」
　　　　　　　　▶ I **affirm** that it is true.
　　　　　　　　（それが正しいと断言します）
　　　　　　　　▶ We cannot **affirm** that this printing is genuine.
　　　　　　　　（この絵が本物と断言することはできない）

▢ **affirmative**　〔**af**（〜に）+ **firm**（固くする）+ **ative**（形容詞語尾）〕
　　　　　　　形容詞　「肯定の」「賛成の」

▢ **afflict**　〔**af**（〜に）+ **flict**（打つ）〕
　　　　　　　動詞　「苦しめる」「悩ます」
　　　　　　　　▶ The disease **afflicts** two million people.
　　　　　　　　（その病気は 200 万人の人々を苦しめています）

Note:
ad- は、移動、方向、変化、完成、近似、固着、付加、増加、開始などを示したり、単に強意を表したりします。母音の前または、d, k, j, m, v の前では、そのまま変化しません。しかし、b, c, f, g, k, l, n, p, q, r, s, t の前では、ad- が同化して、ab-, ac-, af-, ag-, となります。k の前では、al-, an-, ap-, ac- となり、q の前では ar-, as-, at- と変化します。ただし、近似や付加などの意味では常に ad- のままです。

□ **annihilate**　〔**an**（〜に）+ **nihilate**（無力にする）〕
　　　　　　　　動詞　「滅ぼす」「絶滅させる」
　　　　　　　　　▶ Bombing **annihilated** the entire city.
　　　　　　　　　　（爆撃が全市を絶滅させた）

□ **annotate**　〔**an**（〜に）+ **notate**（コメントを入れる）〕
　　　　　　　　動詞　「コメントを入れる」
　　　　　　　　　▶ The author **annotated** the draft at several
　　　　　　　　　　places.
　　　　　　　　　　（著者は、原稿の数カ所にコメントを入れた）

□ **annotated**　〔**an**（〜に）+ **notated**（コメントを入れた）〕
　　　　　　　　形容詞「コメントを入れた」
　　　　　　　　　▶ an **annotated** edition（注釈付きの版）

□ **annotation**　〔**an**（〜に）+ **notation**（コメントすること）〕
　　　　　　　　名詞　「注釈」
　　　　　　　　　▶ Without the **annotations**, the chart would be
　　　　　　　　　　hard to understand.
　　　　　　　　　　（注釈なしでは、そのチャートは理解しにくいだろ
　　　　　　　　　　う）

□ **announce**　〔**an**（〜へ）+ **nounce**（報告する）〕
　　　　　　　　動詞　「発表する」「公表する」
　　　　　　　　　▶ The government **announced** a big cut in
　　　　　　　　　　taxes.
　　　　　　　　　　（政府が大幅減税を発表した）

□ **announcement**　〔**an**（〜へ）+ **nounce**（報告する）+ **ment**（名詞語尾）〕
　　　　　　　　名詞　「発表」「アナウンス」
　　　　　　　　　▶ The company president made an
　　　　　　　　　　announcement about the merger.
　　　　　　　　　　（会社社長はその合併についての発表を行った）

anti 〔反、非、排、逆、対、抗〕

□ **antiabortion**　〔anti（反）＋ abortion（中絶）〕
形容詞「中絶反対の」
▶ The senator is antiabortion.
（その上院議員は中絶反対だ）

□ **antiaircraft**　〔anti（対）＋ aircraft（飛行機）〕
形容詞「対空の」

□ **anti-American**　〔anti（反）＋ American（アメリカの）〕
形容詞「反アメリカの」
▶ The new government is anti-American.
（新政府は反アメリカだ）

□ **antibacterial**　〔anti（抗）＋ bacterial（菌）〕
形容詞「抗菌の」

□ **antibiotic**　〔anti（反）＋ biotic（生命に関する）〕
形容詞「抗生物質の」

□ **antibody**　〔anti（抗）＋ body（体）〕
名詞　「抗体」
▶ Your body will eventually develop antibodies
to the virus.
（あなたの体は、最終的にはそのウイルスに対する
抗体を生み出すでしょう）

□ **anticlimax**　〔anti（反）＋ climax（クライマックス）〕
名詞　「期待の裏切り」「竜頭蛇尾」

□ **anticommunism**　〔anti（反）＋ communism（共産主義）〕
名詞　「反共産主義」

□ **anticorrosion**　〔anti（抗）＋ corrosion（さび）〕
形容詞「さび止めの」

□ **antihero**　〔anti（反）＋ hero（英雄）〕
名詞　「反英雄」

□ **antithesis**　〔anti（反）＋ thesis（提案）〕
名詞　「正反対」

□ **asterisk** 〔aster（星）+ isk（小さいもの）〕
名詞 「星印」「アスタリスク」

□ **astrodome** 〔astro（星）+ dome（ドーム）〕
名詞 「アストロドーム」

□ **astrohatch** 〔astro（星）+ hatch（ふた）〕
名詞 「天測窓」

□ **astrochemistry/ cosmochemistry** 〔astro（宇宙）+ chemistry（化学）〕
名詞 「宇宙化学」

□ **astrology** 〔astro（星）+ logy（学問）〕
名詞 「星占い術」
▶ Some people believe in astrology.
（人によっては、星占い術を信じている）

□ **astrometry** 〔astro（天文）+ metry（学問）〕
名詞 「天文測定術」

□ **astronaut** 〔astro（宇宙）+ naut（航行する人）〕
名詞 「宇宙飛行士」
▶ He was once astronaut.
（彼は、かつては宇宙飛行士だった）

□ **astronomy** 〔astro（天文）+ nomy（学）〕
名詞 「天文学」

□ **astronomical** 〔astro（天文）+ nomical（法則にかなった）〕
形容詞「天文学的な」
▶ astronomical figure（天文学的な数字）

□ **astrophile** 〔astro（星）+ phile（〜を愛する人）〕
名詞 「星の研究家」

□ **astraphobia** 〔astra（雷）+ phobia（恐怖症）〕
名詞 「電光雷鳴恐怖症」

□ **astrophotography** 〔astro（天体）+ photography（写真（術））〕
名詞 「天体写真」

□ **astrophotographer** 〔astro（天体）+ photographer（写真家）〕
名詞 「天体写真家」

□ **astrophysics** 〔astro（天体）+ physics（物理学）〕
名詞 「天体物理学」

□ **constellation** 〔con（かたまり）+ stellation（星）〕
名詞 「星座」

□ **disaster** 〔dis（反）+ aster（星）〕
名詞 「大災害」
  ▶ A series of **disasters** hit the countries.
  （一連の大災害がその国を襲った）

□ **interstellar** 〔inter（間）+ stellar（星）〕
形容詞「星と星の間の」

auto 〔自動の、独自の、自己の、自動的、自動車の、車の〕

□ **auto-analysis** 〔auto（自己の）+ analysis（分析）〕
名詞 「自己分析」

□ **auto-answering** 〔auto（自動的）+ answering（答える）〕
形容詞「自動着信」

□ **autobiographer** 〔auto（自己の）+ bio（人生）+ graph（描く）+ er（人）〕
名詞 「自叙伝作者」

□ **autobiography** 〔auto（自身の）+ biography（伝記）〕
名詞 「自叙伝」「自伝」

□ **autobus/ bus** 〔auto（自動車の）+ bus（バス）〕
名詞 「バス」

□ **auto-camp** 〔auto（車の）+ camp（キャンプ）〕
名詞 「オートキャンプ場」
  ▶ We stayed at an **auto-camp** for three days.
  （私たちは 3 日間オートキャンプ場に滞在した）

□ **autochanger** 〔auto（自動的）+ changer（変換器）〕
名詞 「自動レコード変換装置」

□ **autocracy**　〔auto（自己の）+ cracy（政治）〕
名詞　「独裁政治」

□ **autocrat**　〔auto（独自の）+ crat（階級の人）〕
名詞　「独裁者」「ワンマン」

□ **autocratic**　〔auto（独自の）+ cratic（政治理論の支持者）〕
形容詞「独裁の」
　　　▶ autocratic country（独裁国）

□ **auto-destructive**　〔auto（自己の）+ destructive（破壊的な）〕
形容詞「自滅型の」

□ **auto-dialer**　〔auto（自動的）+ dialer（ダイヤル装置）〕
名詞　「自動ダイヤル装置」

□ **autofocus**　〔auto（自動的）+ focus（焦点）〕
名詞　「自動焦点方式」
　　　▶ This is the latest autofocus camera.
　　　（これが最新のオートフォーカスカメラです）

□ **autograph**　〔auto（自分の）+ graph（書く）〕
名詞　「サイン」「自署」「署名」

□ **autographed copy**　〔auto（自己の）+ graphed（書いた）+ copy（本）〕
名詞　「サイン本」
　　　▶ This is an autographed copy of Ernest
　　　Hemingway.
　　　（これはアーネスト・ヘミングウェイのサイン本で
　　　す）

□ **automatic**　〔automat（自動的）+ ic（〜を生じる）〕
形容詞「自動的な」
　　　▶ automatic transmission
　　　（オートマ、自動変速装置）
　　　※manual transmission（マニュアル、手動変速装置）

□ **automobile**　〔auto（自己の）+ mobile（動く）〕
名詞　「車」
　　　▶ Americans know the environmental impact of
　　　automobiles.
　　　（アメリカ人たちは車の環境に与える影響をわかっ
　　　ている）

□ **autonomous** 〔auto（自分の）+ nomous（法律の特徴を有する）〕
形容詞 「自治的な」「自治権を有する」

□ **autonomy** 〔auto（自分の）+ nomy（法律）〕
名詞 「自治権」

□ **autopilot** 〔auto（自己の）+ pilot（漕ぐ）〕
名詞 「オートパイロット」
▶ The aircraft was in **autopilot** mode when it crashed on the mountain.
（飛行機は山に墜落した時にはオートパイロット・モードだった）

B

be 〔～にする、～になる、全く〕

□ **befall**
〔**be**（～にする）+ **fall**（落ちる）〕
動詞　「（悪いことが）起こる」「生じる」
▶ A misfortune **befell** to her.
（災難が彼女の身に降りかかった）

□ **befool**
〔**be**（～にする）+ **fool**（ばかにする）〕
動詞　「たぶらかす」「だます」
▶ Don't **befool** me.
（私をだまさないでくれ）

□ **befriend**
〔**be**（～になる）+ **friend**（友達）〕
動詞　「友達になる」「～の味方になる」
▶ The millionaire **befriended** him and offered a monetary help.
（その億万長者は彼と友達となり、金銭的援助を申し込んだ）

□ **bemoan**
〔**be**（全く）+ **moan**（嘆く）〕
動詞　「悲しむ」「嘆く」
▶ There's no use **bemoaning** your fate.
（自分の運命を嘆いてみても何もならない）

□ **bespeak**
〔**be**（～にする）+ **speak**（話す）〕
動詞　「前もって求める」
▶ We would like to **bespeak** the audience's patience.
（前もって、聴衆の忍耐をお願いしたい）

□ **bestride**
〔**be**（～になる）+ **stride**（足を大きく広げて立つ）〕
動詞　「またがる」「馬乗りになる」
▶ I want to **bestride** a horse.
（私は馬に乗りたい）

□ **bewilder**
〔**be**（～になる）+ **wilder**（道に迷う）〕
動詞　「当惑させる」
▶ The attendees **bewildered** the speaker with many questions.
（参加者たちは、演説者にたくさんの質問を浴びせて困惑させた）

bi 〔2、2つの、両方〕

□ **biathlon**　〔bi（2つの）+ athlon（競技）〕
名詞　「バイアスロン」
　　　※クロスカントリーと射撃の複合競技

□ **biaxial**　〔bi（2つ）+ axial（軸のある）〕
形容詞「軸の2つある」

□ **bicentennial**　〔bi（2）+ centennial（100の）〕
形容詞「200年記念祭の」

□ **bicycle**　〔bi（2）+ cycle（車輪）〕
名詞　「自転車」
　　▶ I went to the nearby park by bicycle.
　　（私は最寄りの公園に自転車で行った）

□ **bigamous**　〔bi（2つ）+ gamous（結婚の）〕
形容詞「重婚の」

□ **bilateral**　〔bi（2つ）+ lateral（側面の）〕
形容詞「2国間の」
　　▶ They signed the bilateral treaty.
　　（彼らは2カ国条約に署名した）

□ **bilingual**　〔bi（2つ）+ lingual（言葉の）〕
形容詞「2言語を（流暢に）話す」
　　▶ She is a bilingual secretary.
　　（彼女は2カ国語を話す秘書です）

□ **bimonthly**　〔bi（2）+ month（月）+ ly（語尾）〕
形容詞「2ヶ月に1回の」
名詞　「隔月刊誌」

□ **binoculars**　〔bi（2つの）+ noculars（眼）〕
名詞　「双眼鏡」
　　▶ This is the most expensive pair of binoculars
　　in this store.
　　（これはこの店で一番高価な双眼鏡です）

□ **biplane**　〔bi（2つ）+ plane（飛行機）〕
名詞　「複葉飛行機」

□ **bipolar** 〔bi（2つ）+ polar（極の）〕
形容詞「二極ある」

□ **bisect** 〔bi（2つの）+ sect（切る）〕
動詞　「両断する」「折半する」

□ **bisexual** 〔bi（2つ）+ sexual（性欲を感じる人）〕
形容詞「両性素質の」
名詞　「バイセクシュアルの人」
　　　※反対語は unisexual

□ **biweekly** 〔bi（2）+ week（週）+ ly（語尾）〕
形容詞「隔週の」
名詞　「隔週出版物」

bio 〔生物、生命、人生、経験〕

母音の前では bi- に変化する。

□ **biochemical** 〔bio（生命）+ chemical（化学の）〕
形容詞「生化学の」
名詞　「生化学的物質」

□ **biology** 〔bio（生物）+ logy（学問）〕
名詞　「生物学」
▶ He is studying biology and physics at college.
（彼は大学で生物学と物理学を学んでいます）

□ **biography** 〔bio（人生）+ graphy（記述）〕
名詞　「伝記」

□ **biographer** 〔bio（人生）+ grapher（書く人）〕
名詞　「伝記作家」
▶ He is a famous biographer.
（彼は著名な伝記作家です）

□ **biohazard** 〔bio（生物）+ hazard（危険）〕
名詞　「生物学的災害」

□ **biohazardous** 〔bio（生物）+ hazard（危険）+ ous（～の多い）〕
形容詞「生物学的災害の」

□ **biosphere** 〔bio（生物）+ sphere（球）〕
名詞 「生物圏」

□ **bioterrorism** 〔bio（生物）+ terrorism（テロ行為）〕
名詞 「生物化学テロ（病原菌や毒素を用いるテロ行為）」
▶ The country should defend itself against bioterrorism.
（その国は生物化学テロから自国を守らなければならない）

□ **antibiotic** 〔anti（抗）+ bio（生物）+ tic（性質を有する）〕
名詞 「抗生物質」
▶ You have to take antibiotics.
（あなたは抗生物質を取らなければならない）

by, bye 〔横の、副次的な、付随的、２つの、秘密の〕

□ **by-altar** 〔by（副次的な）+ altar（祭壇）〕
名詞 「副祭壇」

□ **by-bidder** 〔by（２つの）+ bidder（入札者）〕
名詞 「空売り人」「さくら」.

□ **by-conference** 〔by（秘密の）+ conference（会議）〕
名詞 「秘密会議」

□ **by-effect** 〔by（副次的な）+ effect（効果）〕
名詞 「付帯効果」

□ **by-election** 〔by（副次的な）+ election（選挙）〕
名詞 「補欠選挙」
※general election（総選挙）

□ **by-glance** 〔by（横の）+ glance（ひと目）〕
名詞 「わき目」

□ **by-motive** 〔by（２つある）+ motive（動機）〕
名詞 「間接的な動機」

□ **by-passer**　〔by（横の）+ passer（通行人）〕
　　　　　　　　名詞　「通行人」

□ **by-pass**　　〔by（横の）+ pass（小道）〕
　　　　　　　　名詞　「バイパス」

□ **by-way**　　〔by（横の）+ way（道）〕
　　　　　　　　名詞　「私道」「脇道」

□ **by-product**　〔by（付随的）+ product（製品）〕
　　　　　　　　名詞　「副産物」「副次的効果」
　　　　　　　　▶ Errors are an inevitable by-product of
　　　　　　　　　complex systems of human activities.
　　　　　　　　（複雑な人間の行動システムにおいては、過ちは避
　　　　　　　　　けがたい副産物である）

cap 〔頭、チーフ〕

□ **cap** 〔cap（頭）〕
名詞 「帽子」

□ **capital** 〔cap（頭）＋ ital（性質の）〕
名詞 「首都」「資本」「大文字」

□ **capitalism** 〔capital（資本）＋ ism（主義）〕
名詞 「資本主義」

□ **capitalist** 〔capital（資本）＋ ist（人）〕
名詞 「資本主義者」

□ **capitol** 〔cap（頭）＋ itol（名詞語尾）〕
名詞 「米国国会議事堂」

□ **captain** 〔cap（チーフ）＋ tain（人を意味する名詞語尾）〕
※指導者を意味する chieftain から。
名詞 「船長」「パイロット」
▶ This is captain Kubota speaking. Thank you for boarding this plane.
（パイロットの久保田がお話ししております。当機にご搭乗くださりましてありがとうございます）
〔アナウンス〕

□ **cape** 〔cape（頭）〕
名詞 「岬」

□ **caput** 〔caput（頭）〕
名詞 「頭」

□ **capsize** 〔cap（頭）＋ size（沈む）〕
動詞 「ひっくり返す」 ※「頭から沈む」が原義。
▶ The boat capsized in high waves.
（船は高波で転覆した）

□ **decapitate** 〔de（分離）＋ capit（頭）＋ ate（する）〕
動詞 「頭を切断する」
▶ The police found a decapitated body in the house.
（警察が家の中で首の切断された遺体を発見した）

capt 〔取る、つかむ、とらえる〕

□ **capable** 〔**capt**（とらえる力）+ able（できる）〕
形容詞「能力がある」
▶ He is a **capable** manager.
（彼は能力のある管理者だ）

□ **capacity** 〔**capac**（包容力のある）+ ity（状態を表す名詞語尾）〕
名詞「収容力」「包容力」
▶ This stadium has a seating **capacity** of 50,000.
（このスタジアムは5万人分の座席数がある）
▶ She has great **capacity** for arts.
（彼女は美術に優れた才能を持っている）

□ **caption** 〔**capt**（とらえること）+ ion（名詞語尾）〕
名詞「キャプション」「ネーム（漫画などの台詞）」

□ **captive** 〔**capt**（とらえること）+ ive（状態）〕
形容詞「捕虜になった」「生け捕りの」
▶ The police took the two suspicious men
captive.
（警察は2人の不審な男を捕らえた）
名詞「捕虜」
▶ The US government is forbidden by its own
law from torturing **captives** and prisoners.
（米国政府は法律で捕虜と囚人を拷問することを禁止している）

□ **capture** 〔**capt**（とらえること）+ ure（持つ）〕
動詞「とらえる」
▶ The special forces **captured** a truck carrying
20 tons of explosives.
（特別部隊が、20トンの爆発物を積んだトラックを捕獲した）
名詞「捕獲」「攻略」

C

cease 〔やめる、終わる、屈する〕

□ **cease**　〔cease（終わる）〕
動詞　「止める」

> With the merger of the two companies many jobs have become redundant and **ceased** to exist.
> （その2社の合併により、多くの仕事は不要になり、存在しなくなった）

□ **cease-fire**　〔cease（終わる）+ fire（射撃）〕
名詞　「停戦」

> Both countries want to examine the implementation of the **ccase-fire** agreement.
> （両国は停戦協定が実施されているかどうか、確認したがっている）

□ **ceaseless**　〔cease（絶える）+ less（のない）〕
形容詞　「絶え間のない」

cess 〔行く、続く、進む〕

□ **access**　〔ac（行く）+ cess（行く）〕
名詞　「アクセス」「交通の便」

□ **accessory**　〔ac（行く）+ cess（行く）+ ory（性質のある）〕
名詞　「アクセサリー」「共犯」

> He was proved to be an **accessory** to the crime.
> （彼はその犯罪の共犯であると立証された）

□ **ancestor**　〔ances（先祖）+ tor（人）〕
名詞　「先祖」

> His **ancestors** moved from England to America.
> （彼の先祖はイギリスからアメリカに移住した）

□ **necessary** 〔**necess**（必要な）+ **ary**（に関する）〕
形容詞「必要な」
▶ It is not **necessary** for you to attend the meeting.
（あなたがその会議に出席する必要はない）

□ **predecessor** 〔**pre**（前の）+ **de**（行く）+ **cess**（行く）+ **or**（人）〕
名詞 「前任者」
▶ He is my **predecessor** in office.
（彼は職場で私の前任者です）

cede 〔行く、譲る〕

□ **accede** 〔**ac**（来る）+ **cede**（譲る）〕
動詞 「〜に同意する」

□ **antecede** 〔**ante**（前）+ **cede**（行く）〕
動詞 「〜に先行する」

□ **antecedent** 〔**ante**（前）+ **cede**（行く）+ **ent**（する人）〕
名詞 「前例」

□ **cede** 〔**cede**（行く）〕
動詞 「譲り渡す」

□ **intercede** 〔**inter**（行く）+ **cede**（着手する）〕
動詞 「仲裁する」

□ **precede** 〔**pre**（先に）+ **cede**（行く）〕
動詞 「より先に行く」

□ **recede** 〔**re**（戻る）+ **cede**（行く）〕
動詞 「後退する」「はげ上がる」
▶ His hairline is noticeably **receding**.
（彼の額の生え際は、目に見えて後退しつつある）

□ **secede** 〔**se**（行く）+ **cede**（譲る）〕
動詞 「脱退する」

□ **unprecedented** 〔un（ない）+ precede（より先に行く）+ ented（行為をした）〕

形容詞「先例のない」

▶ This is an unprecedented case.
（これは先例のない事例です）

ceed, cess 〔行く、越える〕

□ **exceed** 〔ex（越える）+ ceed（行く）〕
動詞 「～を越える」

□ **excess** 〔ex（越える）+ cess（課すること）〕
名詞 「超過」

□ **excessive** 〔ex（越える）+ cess（課すること）+ ive（性質）〕
形容詞「過度の」

▶ Some of the demands by the negotiator
seemed excessive.
（交渉者のいくつかの要求は、法外のように思えた）

□ **proceed** 〔pro（前へ）+ ceed（行く）〕
動詞 「続ける」

□ **process** 〔pro（前へ）+ cess（行く）〕
名詞 「プロセス」

▶ We were in the process of signing the
agreement when the power blackout occurred.
（我々が契約書に署名しようとしていた時に、停電
が起こった）

□ **procession** 〔pro（前へ）+ cess（行く）+ ion（名詞語尾）〕
名詞 「行列」

□ **succeed** 〔suc（近くに）+ ceed（行く）〕
動詞 「成功する」

▶ Her daughter succeeded in passing the
examination to be a nurse.
（彼女の娘は、看護師になるテストに合格した）

□ **success** 〔suc（近くに）+ cess（行く）〕
名詞 「成功」

☐ **conceive**　〔con（一緒に）+ ceive（取る）〕

動詞　「心に抱く」「妊娠する」

C

▶ The writer conceived an excellent idea for his novel.（作家は、小説に関するすばらしいアイデアを思いついた）

▶ My mother conceived when she was 39.
（私の母は 39 歳で妊娠しました）

☐ **deceive**　〔de（離す）+ ceive（取る）〕

動詞　「だます」

▶ Advertisements must not deceive.
（広告に偽りがあってはならない）

☐ **deceit**　〔de（離す）+ ceit（取る）〕

名詞　「だますこと」

☐ **deception**　〔de（離す）+ cep（取る）+ tion（すること）〕

名詞　「だますこと」

☐ **deceitful**　〔de（離す）+ ceit（取る）+ ful（満ちている）〕

形容詞「ごまかしの」

☐ **deceptive**　〔de（離す）+ cept（取る）+ ive（〜の傾向のある）〕

形容詞「人を欺くような」

☐ **perceive**　〔per（完全に）+ ceive（取る）〕

動詞　「わかる」

☐ **receipt**　〔re（取り戻す）+ ceipt（つかむ）〕

名詞　「レシート」

☐ **receive**　〔re（取り戻す）+ ceive（取る）〕

動詞　「受け取る」

▶ I haven't received the receipt yet.
（私はまだレシートを受け取っていません）

☐ **receiver**　〔re（取り戻す）+ ceive（取る）+ r（もの）〕

名詞　「受話器」

☐ **receptionist**　〔re（取り戻す）+ cept（取る）+ ionist（人）〕

名詞　「受付」

cent, centi 〔100、100 分の 1〕

□ **cent**
〔cent（100）〕
名詞 「セント」「セント銅貨」「100」
▶ 100 per cent gold
（100 パーセント金）

□ **centenarian**
〔centenar（100）+ ian（人）〕
名詞 「100 歳の人」
▶ A person who is one hundred or more years old is called a centenarian.
（100 歳以上の人は centenarian と呼ばれます）

□ **centennial**
〔cent（100）+ ennial（に関する）〕
名詞 「100 年祭」
形容詞「100 年記念の」

□ **centigrade**
〔cent（100）+ igrade（動き方）〕
名詞 「摂氏」
▶ Day-time temperatures here in the winter are usually in the low tens centigrade.
（ここは冬には昼間の温度は大体、摂氏 10 度の下のほうまで下がります）

□ **centimeter**
〔centi（100 分の 1）+ meter（メートル）〕
名詞 「センチ」「100 分の 1 メートル」
▶ One centimeter is equal to one hundredth of a meter.
（1 センチは、100 分の 1 メートルに相当します）

□ **centipede**
〔centi（100）+ pede（足）〕
名詞 「ムカデ」

□ **century**
〔century（100 に分けること）〕
名詞 「1 世紀」

□ **accept** 〔ac（〜へ）+ cept（取る）〕
動詞 「受け入れる」「承認する」

C

▶ Our director **accepted** the new project proposal.
（我々の取締役が新プロジェクトの提案を承認した）

□ **acceptance** 〔ac（〜へ）+ cept（取る）+ ance（名詞語尾）〕
名詞 「受諾」

□ **concept** 〔con（一緒に）+ cept（取る）〕
名詞 「概念」

□ **conception** 〔con（一緒に）+ cept（取る）+ ion（名詞語尾）〕
名詞 「概念」

□ **except** 〔ex（から）+ cept（取る）〕
前置詞「〜を除いては」「〜以外に」

▶ Everyone **except** her came.
（彼女以外は全員来た）

□ **exception** 〔ex（から）+ cept（取る）+ ion（名詞語尾）〕
名詞 「例外」

▶ There is an **exception** to every rule.
（全ての規則には例外がある）

□ **intercept** 〔inter（間）+ cept（取る）〕
動詞 「遮る」

▶ Intelligence department **intercepted** many telephone calls between the two countries.
（諜報部門は2ヶ国間のたくさんの通話を傍受した）

□ **precept** 〔pre（前に）+ cept（取る）〕
名詞 「教訓」

▶ Practice is better than **precept**.
（実行は口で説くよりも勝る）〔諺〕

49

cir, circ, circle, circum 〔環、円、輪〕

□ **circle**　〔cir（環、円）+ cle（小さい）〕
　　名詞　「円」
　　動詞　「回る」

□ **circuit**　〔cir（環、円）+ cuit（行く）〕
　　名詞　「回路」

□ **circulate**　〔cir（環、円）+ culate（作る）〕
　　動詞　「循環する」

□ **circumvent**　〔circum（囲む）+ vent（来る）〕
　　動詞　「回避する」

□ **circumference**　〔circum（周り）+ ference（運ぶ）〕
　　名詞　「円周」

□ **circumstance**　〔circum（周り）+ stance（立つ）〕
　　名詞　「環境」「周囲の状況」
　　　　▶ under no circumstances
　　　　　（決して起きない）
　　　　▶ Under no circumstances are you to leave this
　　　　　room.
　　　　　（どんなことがあっても、あなたはこの部屋を出て
　　　　　はいけない）

□ **circus**　〔cir（環、円）+ cus（曲げる）〕
　　名詞　「サーカス」「大騒ぎ」
　　　　▶ The first day of a school is usually a circus.
　　　　　（学校の最初の登校日は大体大騒ぎだ）

□ **encircle**　〔en（中に）+ cir（環、円）+ cle（小さい）〕
　　動詞　「取り囲む」

□ **circular**　〔circle（円）+ ar（形容詞語尾）〕
　　形容詞「円の」「環状の」

□ **circulation**　〔circle（円）+ ation（名詞語尾）〕
　　名詞　「循環」「流通」

close 〔閉じる〕

□ **close**　　　〔**close**（閉じる）〕
　　　　　　　動詞　「閉める」「閉じる」
　　　　　　　▶ Close the door when you leave the room.
　　　　　　　（部屋を出るときには鍵を閉めなさい）

□ **closed**　　　〔**close**（閉じる）+ **d**〕
　　　　　　　形容詞　「閉じた」
　　　　　　　▶ The decisions are made behind closed doors.
　　　　　　　（決定は秘密の内に行われている）
　　　　　　　▶ a closed book（理解できないこと）
　　　　　　　▶ The subject was a closed book for me.
　　　　　　　（そのテーマは私にとっては理解できないことだった）
　　　　　　　※反対語は an open book。
　　　　　　　例 His life is **an open book**. He has nothing to
　　　　　　　　hide.（彼の人生はとてもわかりやすい。隠して
　　　　　　　　いることは何もない）

□ **closet**　　　〔**close**（閉じる）+ **et**（指小辞）〕
　　　　　　　名詞　「クローゼット」

□ **disclose**　　〔**dis**（反）+ **close**（閉じる）〕
　　　　　　　動詞　「明らかにする」
　　　　　　　▶ disclose a secret（秘密を明らかにする）

□ **disclosure**　〔**dis**（反）+ **clos**（閉じる）+ **ure**（こと）〕
　　　　　　　名詞　「発表」「暴露」
　　　　　　　▶ Let's make a disclosure of their secret.
　　　　　　　（彼らの秘密を暴露しましょう）

clude 〔閉じる〕

□ **conclude**　　〔**con**（完全に）+ **clude**（閉じる）〕
　　　　　　　動詞　「～と決定する」「結論づける」
　　　　　　　▶ They concluded that we were wrong.
　　　　　　　（彼らは私たちが間違っていると結論づけた）

□ **exclude**　　〔**ex**（外に）+ **clude**（閉じる）〕
　　　　　　　動詞　「閉め出す」

51

□ **include** 〔in（中に）+ clude（閉じる）〕

動詞 「含める」

▶ The price **includes** the state tax and federal tax.
（値段には州税と連邦税が含まれている）

□ **preclude** 〔pre（の前）+ clude（閉じる）〕

動詞 「排除する」

□ **seclude** 〔se（離して）+ clude（閉じる）〕

動詞 「引き離す」

▶ The hermit lived **secluded** from the rest of the world.
（その隠者は世界から隠遁して生活していた）

co 〔共同、一緒に、共通、同一の、副〕

□ **coauthor** 〔co（共同）+ author（著者）〕

名詞 「共著者」

▶ She is my **coauthor** for this book.
（彼女はこの本の共著者です）

□ **coeducation** 〔co（共同）+ education（教育）〕

名詞 「男女共学校」

□ **coed** 〔co（共同）+ ed（教育）〕

形容詞 「男女共学の」

▶ This is a **coed** school.
（ここは男女共学の学校です）

名詞 「男女共学校の女子生徒」

▶ She's a **coed**.
（彼女は男女共学校の女子生徒です）

□ **coexist** 〔co（共同）+ exist（存在する）〕

動詞 「共存する」

□ **coexistence** 〔co（共同）+ existence（存在）〕

名詞 「共存」

□ **co-found**　〔co（共同）+ found（設立）〕
　　　動詞　「共同設立する」
　　　　　▶ His grandfather **co-founded** the company ten
　　　　　　years ago.
　　　　　　（10年前に彼の祖父がその会社を共同設立した）

□ **co-founder**　〔co（共通）+ founder（設立者）〕
　　　名詞　「共同設立者」

□ **coincidence**　〔co（同一の）+ incidence（発生）〕
　　　名詞　「同時に起こること」

□ **collateral**　〔co（一緒に）+ llateral（後ろ側）〕
　　　形容詞「副次的な」「付随の」
　　　　　▶ **collateral** security（付随の保証）
　　　　　▶ **collateral** damage（副次的な損害）

□ **collocation**　〔co（一緒に）+ llocation（置く）〕
　　　名詞　「連語」

□ **coordinate**　〔co（一緒）+ ordinate（きちんと置く）〕
　　　名詞　「同格のもの」
　　　動詞　「調整する」「一緒に働く」
　　　　　▶ She is **coordinating** several sections on this
　　　　　　project.
　　　　　　（彼女はこのプロジェクトでいくつかの課の調整を
　　　　　　している）
　　　　　▶ You should **coordinate** with outside
　　　　　　consultants on this important issue.
　　　　　　（あなたはこの重要案件に関して、外部のコンサル
　　　　　　タントと一緒に働かなければならない）

□ **cooperate**　〔co（一緒に）+ operate（作業する）〕
　　　動詞　「協力する」

□ **co-own**　〔co（一緒に）+ own（所有する）〕
　　　動詞　「共同所有する」
　　　　　▶ Her father **co-owns** several large office
　　　　　　buildings.
　　　　　　（彼女の父親はいくつかの大きなオフィス・ビルを
　　　　　　共同所有している）

□ **copilot** 〔co（副）+ pilot（操縦士）〕
名詞 「副操縦士」

□ **coworker** 〔co（共同）+ worker（労働者）〕
名詞 「同僚」

com 〔共に、一緒に、完全に、結ぶ〕

b, f, gn, h, l, m, p, r, w 以外の子音の前に来るときには、con- に変わる。

□ **combination** 〔combine（結びつける）+ ation（名詞化）〕
名詞 「結合」「組み合わせ」「配合」「チームワーク」
▶ in combination with ～（～と結合して）
▶ Water is a combination of hydrogen and oxygen.
（水は水素と酸素の組み合わせである）
▶ He has the right combination of talent and experience.
（彼は才能と経験の適切な組み合わせを身につけている）

□ **combine** 〔combine（結びつける）〕
動詞 「結びつける」

□ **comfort** 〔com（一緒に）+ fort（強い）〕
名詞 「快適」「満足な状態」
動詞 「慰める」

□ **comfortable** 〔com（一緒に）+ fort（強い）+ able（できる）〕
形容詞「心地良い」「快適な」
▶ Are you comfortable now?
（これで快適になりましたか？）

□ **command** 〔com（一緒に）+ mand（命令する）〕
動詞 「命令する」
名詞 「命令」
▶ The general gave his troops a command to proceed.
（将軍は軍隊に前進命令を出した）

□ **commander** 〔com（一緒に）+ mander（命令する人）〕
名詞 「指揮官」「司令官」
▶ the Commander in chief of the Army, Navy, and Air Force
（（陸軍、海軍、空軍の）全軍最高司令官）
※米大統領の位。

□ **comment** 〔com（共に）+ ment（動作）〕
名詞 「意見」「コメント」
▶ What's your comment?
（あなたのご意見は何ですか？）

□ **commercial** 〔com（共に）+ mercial（商品の）〕
形容詞「商業の」
▶ commercial regulations（商売上の制限）
名詞 「コマーシャル」
▶ a TV commercial（テレビ・コマーシャル）

□ **common** 〔com（共通の）+ mon（行く）〕
形容詞「共通の」「一般的な」
▶ a common ancestor（共通の祖先）
▶ a common goal（共通の目標）
▶ common interests（共通の利益）

□ **communicate** 〔com（共に）+ municate（他と分け合う）〕
動詞 「連絡し合う」「伝える」
▶ I would like to communicate with you by email.
（あなたとは、メールで連絡し合いたいです）
▶ He communicated his idea to the group.
（彼はグループの人たちに自分の考えを伝えた）
※excommunicate は「（動詞）除名する」の意味。

□ **community** 〔com（共に）+ munity（状態）〕
名詞 「地域社会」「共同体」
▶ a local community（地域社会）
▶ business community（ビジネス集団）

□ **compare** 〔com（共に）+ pare（同じ）〕
動詞 「比べる」「比較する」「例える」
▶ How does your new job compare to the last one?
（新しい仕事は以前のものと比べてどうですか？）
▶ His performance was compared to the work of the best performer.
（彼の業績は最高の遂行者の仕事と例えられた）

□ **compete** 〔com（共に）+ pete（求める）〕
動詞 「競争する」
▶ Many car manufacturers are competing for the attractive Chinese market.
（多くの車の製造業者が魅力的な中国市場を狙って競争している）

□ **complete** 〔com（完全に）+ plete（満たす）〕
形容詞 「完全な」
▶ a complete set（完全なセット）
▶ in complete silence（完全な静寂のうちに）
動詞 「完成させる」
▶ You must complete this registration form first.
（最初にこの登録書を完成させてください）

□ **comply** 〔com（完全に）+ ply（応じる）〕
動詞 「従う」「応じる」「準拠する」
▶ The company is not able to comply with the tough government safety guidelines.
（その会社は厳しい政府の安全基準に従うことができません）
▶ This device completely complies with the latest industry standards.
（この装置は最新の工業基準に完全に準拠している）

□ **company** 〔com（一緒に）+ pan（パン）+ y（状態）〕
名詞 「会社」

con 〔共に、一緒に、完全に〕

□ **concern**
〔con（共に）+ cern（ふるいにかける）〕

動詞　「関わる」「心配させる」

▶ To whom it may concern（関係当事者殿）
※推薦状や、売り込みの文書などの宛名に用いられる決まり文句。

名詞　「関心」

▶ The quality assurance manager expressed deep concern at the quality issue.
（品質保証管理者はその品質問題に対して大きな心配を示した）

□ **concerned**
〔con（共に）+ cerned（ふるいにかけた）〕

形容詞「関係している」「心配している」

▶ I am deeply concerned to hear the sad news.
（私はその悲しい知らせを聞き、心から心配しています）

▶ We are concerned about the result of the receiving inspection.
（我々はその受け入れ検査結果をとても気にかけています）

□ **confess**
〔con（共に）+ fess（認める）〕

動詞　「白状する」「認める」

▶ The suspect confessed that he had stolen the money.
（容疑者はその金を盗んだことを白状した）

▶ I have to confess that I was nervous about my first presentation.
（最初のプレゼンに神経質になっていたことを認めなければなりません）

□ **confide**
〔con（一緒に）+ fide（信じる）〕

動詞　「秘密を話す」「打ち明ける」

▶ He confided that he had done it.
（彼は自分がやったと打ち明けた）

□ **confidence**
〔con（一緒に）+ fid（信じる）+ ence（こと）〕

名詞　「信任」「自信」

▶ He gained the confidence of his manager.
（彼は上司の信任を得た）

□ **conscious** 〔con（共に）＋ scious（に似た）〕
形容詞「意識している」「気づいている」
　▶ Is the patient conscious yet?
　　（患者は既に意識を取り戻しましたか？）
　▶ We are very conscious of the risks involved in the counteraction.
　　（対応に関する危険には十分意識しております）

□ **consider** 〔con（共に）＋ sider（星）〕
動詞「考える」「検討する」「思う」
　▶ He seriously considered changing careers.
　　（彼は真剣に仕事を変えることを考えた）
　▶ We are considering you for the job.
　　（我々はあなたがこの仕事に就くことを考慮中です）
　▶ My boss refused to consider my proposal.
　　（上司は私の提案を検討することを拒絶した）

□ **consist** 〔con（共に）＋ sist（立ち止まる）〕
動詞「成り立つ」「〜にある」
　▶ His department consists of eight members.
　　（彼の部門は8名で構成されている）
　▶ Happiness consists in being satisfied with what you have.
　　（幸せとは、現在持っているものに満足していることである）

□ **consistent** 〔con（共に）＋ sist（立ち止まる）＋ ent（状態）〕
形容詞「一致している」

□ **construct** 〔con（共に）＋ struct（作る）〕
動詞「建設する」「組み立てる」
　▶ The company constructed two manufacturing plants in one year.
　　（その会社は1年間で2つの製造工場を建設した）
　▶ The marketing strategy is constructed of very well-thought-out plans.
　　（そのマーケティング戦略は十分に検討した計画によって組み立てられている）

□ **construction** 〔con（共に）＋ struct（作る）＋ ion（名詞語尾）〕
名詞「建設」

□ **context** 〔con（完全に）+ text（編む）〕
名詞 「文脈」「背景」
▶ We need to consider these events in context.
（これらの出来事は背景を考える必要がある）
※反対語は out of context（背景を考えずに）

□ **contribute** 〔con（共に）+ tribute（贈与する）〕
動詞 「貢献する」「与える」
▶ He contributed 500 dollars to the charity.
（彼はその慈善活動に 500 ドル寄付をした）

□ **convenient** 〔con（共に）+ venient（来る）〕
形容詞 「便利な」「好都合な」
▶ a convenient method（便利な方法）
▶ When is a convenient time for you to meet
with me?
（私と会って話をするのに都合のいい時間はいつで
すか？）

□ **conversation** 〔con（共に）+ vers（持続する）+ ation（動作）〕
名詞 「会話」
▶ a telephone conversation（電話会話）

concept 〔概念、妊娠〕

□ **conceive** 〔con（一緒に）+ ceive（取りこむ）〕
動詞 「思いつく」

□ **conception** 〔concept（概念、妊娠）+ tion（状態）〕
名詞 「概念」「妊娠」

□ **conceptional** 〔concept（概念）+ tion（状態）+ al（形容詞語尾）〕
形容詞 「概念上の」「概念的な」
▶ His idea is conceptional, but not practical.
（彼のアイデアは概念的で、実際的ではない）

□ **conceptual** 〔concept（概念）+ ual（性質の）〕
形容詞 「概念の」

□ **conceptualization** 〔concept（概念）+ ualization（〜の状態にすること）〕
名詞 「概念化すること」

59

□ **conceptualize** 〔concept（概念）+ ualize（～の状態にする）〕
　　　　　　　　　動詞　「概念化する」
▶ The economist **conceptualizes** the family as an economic unit.
（その経済学者は家族を一つの経済的な単位として概念化している）

contra 〔逆、反、対〕

□ **contraband** 〔contra（反対）+ band（宣言）〕
　　　　　　　　名詞　「禁止取引」「密輸」
▶ Customs men searched the large suitcase for **contraband**.
（税関員たちはその大きなスーツケースに密輸品が入っているかどうか調べた）

□ **contraception** 〔contra（反対）+ cept（取る）+ ion（名詞語尾）〕
　　　　　　　　　名詞　「避妊」

□ **contraceptive** 〔contra（反対）+ cept（取る）+ ive（形容詞語尾）〕
　　　　　　　　　形容詞「避妊の」
▶ **contraceptive** pill（避妊薬）
　　　　　　　　　名詞　「避妊薬」「コンドーム」
▶ **Contraceptives** are not entirely safe from AIDS.
（コンドームは完全にエイズにかからないためには安全ではない）

□ **contradict** 〔contra（反対）+ dict（言う）〕
　　　　　　　　動詞　「矛盾する」
▶ He **contradicted** what he said the day before yesterday.
（彼は一昨日言ったことと矛盾していた）

□ **contradiction** 〔contra（反対）+ dict（言う）+ tion（状態）〕
　　　　　　　　　名詞　「矛盾」

□ **contrast** 〔contra（対抗する）+ st（立つ）〕

名詞 「対照」「相違」

▶ the contrast between light and shade
（光と陰の対照）

▶ in sharp contrast with/to（～と大きく違って）

動詞 「対比する」「対照をなす」

▶ His actions contrasted with his promises.
（彼の行動は、約束とは大きく違っていた）

□ **contrary** 〔contra（反対に）+ ary（～に関する）〕

形容詞 「～とは反対に」

▶ in the contrary direction（反対方向に）

▶ be contrary to fact（事実と反している）

名詞 「正反対」

▶ on the contrary（反対に）

cor 〔共に、一緒に、強い力で〕

r の前に来るときの com- が変化した形

□ **correct** 〔cor（一緒に）+ rect（導く）〕

形容詞 「正しい」

▶ You are correct.（あなたは正しい）

動詞 「訂正する」

▶ Correct me if I am wrong.
（私が間違っていたら訂正してください）

□ **correlation** 〔cor（一緒に）+ relation（関係）〕

名詞 「相関関係」

▶ There was no correlation between those two issues.
（それら 2 つの問題には何らの相関関係もなかった）

□ **correspondent** 〔cor（共に）+ respond（返事する）+ ent（人）〕

名詞 「特派員」

▶ He worked as a foreign correspondent to the English newspaper for ten years.
（彼は海外特派員としてイギリスの新聞社で 10 年間働いた）

C

□ **corrode**　〔cor（強い力で）+ rode（かじる）〕
　　　　　　　動詞　「腐食する」
　　　　　　　▶ Acid rain **corrodes** buildings.
　　　　　　　（酸性雨は建物を腐食する）

□ **corrosion**　〔cor（強い力で）+ rosion（かじること）〕
　　　　　　　名詞　「腐食」

□ **corrugate**　〔cor（強い力で）+ rugate（しわを寄せる）〕
　　　　　　　動詞　「～に波形を付ける」「しわを寄せる」
　　　　　　　▶ **corrugate** sheet（薄板を波形に加工する）
　　　　　　　▶ **corrugate** the forehead（額にしわを寄せる）

cord 〔心〕

□ **accord**　〔ac（方向）+ cord（心）〕
　　　　　　　名詞　「協定」
　　　　　　　▶ Peace **accords** were signed to bring an end to the war.
　　　　　　　（戦争を終結させるために平和協定が署名された）
　　　　　　　動詞　「一致する」
　　　　　　　▶ Your comments and your actions do not **accord**.
　　　　　　　（あなたのコメントと行動は一致しない）

□ **according to**　〔ac（方向）+ cord（心）+ ing（語尾）〕
　　　　　　　前置詞句　「～に従って」「～によると」
　　　　　　　▶ **According to** the survey results, our customers are not satisfied with our current products.
　　　　　　　（調査結果によると、顧客は我々の現在の製品に満足していない）

□ **accordance**　〔ac（方向）+ cord（心）+ ance（名詞語尾）〕
　　　　　　　名詞　「一致」
　　　　　　　▶ in **accordance** with（～に従って）※前置詞句
　　　　　　　▶ All the employees should work in **accordance** with business conduct guidelines.
　　　　　　　（全従業員は就業規則に従って勤務しなければいけない）

□ **accordion** 〔ac（方向）+ cord（心）+ ion（名詞語尾）〕
名詞 「アコーディオン」
※楽器の調子を合わせる to tune から。

□ **cordial** 〔cord（心）+ ial（性質の）〕
形容詞 「心からの」「温かい」
▶ We received a cordial welcome.
（私たちは温かい歓迎を受けた）

□ **discord** 〔dis（反対）+ cord（心）〕
名詞 「不一致」「不和」
▶ be in discord with
（～と不和になっている、一致しない）
▶ Unfortunately, we are in discord with them.
（残念ながら、私たちは彼らと不和になっている）

corp, corpus 〔体〕

□ **corps** 〔corp（体）+ s〕
名詞 「軍団」「兵団」「団体」
▶ diplomatic corps（外交団）
▶ the U.S. Marine Corps（米国海兵隊）
※発音に注意。

□ **corpse** 〔corp（体）+ se〕
名詞 「死体」「亡骸」
▶ The soldiers were surrounded by human corpses and dead animals.
（兵隊たちは人間の死体と動物の死体に囲まれていた）

□ **corpus** 〔corpus（体）〕
名詞 「集成」「コーパス」「体」「死体」「主要部分」
▶ computerized corpus of English
（コンピューター化された英語のコーパス）

C

cracy 〔政治、規則、力〕

□ **autocracy**　〔**auto**（独自の）+ **cracy**（政治）〕
　　　　　　　　名詞　「独裁政治」
　　　　　　　　▶ **Autocracy** is a system of government by one
　　　　　　　　　person with absolute power.
　　　　　　　　　（独裁政治とは一人の人間が絶対的な権力を持った
　　　　　　　　　政治システムのことである）

□ **democracy**　〔**demo**（人々の）+ **cracy**（政治）〕
　　　　　　　　名詞　「民主主義」
　　　　　　　　▶ In **democracy**, the electorate should hold
　　　　　　　　　politicians accountable.
　　　　　　　　　（民主主義社会では、選挙民が政治家の責任を問わ
　　　　　　　　　なければならない）

□ **plutocracy**　〔**pluto**（金権）+ **cracy**（政治）〕
　　　　　　　　名詞　「金権政治」

□ **technocracy**　〔**techno**（技術）+ **cracy**（政治）〕
　　　　　　　　名詞　「テクノクラシー」「技術家政治」

□ **technocrat**　〔**techno**（技術）+ **crat**（政治）〕
　　　　　　　　名詞　「テクノクラシーの主唱者」

cred, credi 〔信じる、信用〕

□ **credible**　　〔**credi**（信じる）+ **ible**（できる）〕
　　　　　　　　形容詞「信用できる」「信頼できる」「確かな」
　　　　　　　　▶ a **credible** witness（信頼できる目撃者）
　　　　　　　　▶ a **credible** report（確かな報告書）
　　　　　　　　▶ Few people found his story **credible**.
　　　　　　　　　（少数の人だけが彼の話を信用できると思った）

□ **credence**　　〔**cred**（信じる）+ **ence**（名詞語尾）〕
　　　　　　　　名詞　「真実を受け入れること」「信頼性」

□ credibly

〔cred（信じる）+ ibly（できる）〕

副詞 「信頼できるように」

▶ We are credibly informed that our company will announce restructuring plans shortly.
（信頼できる筋によると、我が社は近いうちにリストラ計画を発表するそうです）

C

□ creditable

〔credit（信用）+ able（できる）〕

形容詞 「名誉となる」「立派な」「〜に帰することができる」

▶ creditable conduct（立派な行為）

▶ Success was creditable to his industry.
（成功は彼の勤勉のおかげだった）

□ credulous

〔cred（信用）+ ulous〕

形容詞 「すぐ真に受ける」「すぐ信じる」

▶ She is credulous of rumors.
（彼女は噂をすぐ信じてしまいます）

cur 〔走る〕

□ concur

〔con（一緒に）+ cur（走る）〕

動詞 「一致する」「同意する」

▶ I fully concur with your proposal.
（私は完全にあなたの提案に同意します）

□ current

〔cur（走る、現在流れている）+ rent（形容詞語尾）〕

形容詞 「現在行われている」「最近の」「最新の」

▶ This is our current price list.
（これが私どもの最新価格表です）

□ curriculum

〔curri（走る）+ culum（コース）〕

名詞 「カリキュラム」

※古代ギリシャ・ローマの競争する 2 輪戦車から。

▶ the mathematics curriculum
（数学のカリキュラム）

□ cursor

〔curs（走る）+ or（人）〕

名詞 「カーソル」

▶ Put a cursor on the underlined word.
（下線を引いた語にカーソルを置きなさい）

□ **excursion** 〔ex（外に）+ cur（走る）+ sion（名詞語尾）〕
名詞 「遠足」

□ **incur** 〔in（中に）+ cur（走る）〕
動詞 「負う」

□ **occur** 〔oc（向かう）+ cur（走る）〕
動詞 「起こる」

□ **precursor** 〔pre（前に）+ curs（走る）+ or（人）〕
名詞 「先駆者」「前兆」

▶ The funny noise is usually a **precursor** of a faulty engine.
（変な音がするのは大体、エンジンに問題がある前兆が多い）

□ **recur** 〔re（再び）+ cur（走る）〕
動詞 「再び起こる」

cure 〔注意、手入れ、面倒を見る〕

□ **accurate** 〔ac（向かって）+ curate（注意）〕
形容詞「正確な」

□ **curator** 〔cure（注意）+ tor（する人）〕
名詞 「学芸員」

□ **cure** 〔cure（注意）〕
名詞 「療法」「治療」

▶ undergo a cure（治療を受ける）
動詞 「治療する」
▶ cure a patient（患者を治療する）

□ **curious** 〔cur（注意）+ ious（に満ちた）〕
形容詞「～を知りたがる」

▶ be **curious** about ～（～を知りたがる）

□ **insecure** 〔in（反対）+ secure（確かな、安全な）〕
形容詞「不確かな」

□ **manicure** 〔mani（手）+ cure（手入れ、注意）〕
名詞 「マニキュア」

□ **pedicure** 〔pedi（足）+ cure（手入れ、注意）〕
名詞 「足のマニキュア」「ペディキュア」

□ **procure** 〔pro（公に）+ cure（面倒を見る）〕
動詞 「調達する」
▶ We should **procure** necessary components for the machine within a month.
（私たちはその機械の必要部品を1ヶ月以内に調達しなければならない）

□ **secure** 〔se（ない）+ cure（心配）〕
形容詞「確かな」

cycle〔車輪〕、 cyclo〔円、環〕

□ **bicycle** 〔bi（2）+ cycle（車輪）〕
名詞 「自転車」

□ **cycle** 〔cycle（車輪）〕
名詞 「周期」「自転車」

□ **cycling** 〔cycl（車輪）+ ing〕
名詞 「サイクリング」

□ **cyclone** 〔cyclo（円、環）+ ne〕
名詞 「サイクロン」「温帯性低気圧」
※「ぐるっと回ること」が原義。
▶ **cyclone** center（旋風の中心）
▶ **cyclone** cellar（大竜巻避難用地下室）
▶ The **cyclones** and monsoons could become more frequent and intense.
（サイクロンもモンスーンも更に頻繁に激しくなるかもしれない）

□ **cyclonic** 〔**cyclo**（環）+ **nic**〕
形容詞「旋風の」

□ **cyclotron** 〔**cyclo**（環）+ **tron**〕
名詞　「イオン加速装置」

□ **encyclopedia** 〔**en**（含む）+ **cyclo**（環）+ **pedia**（教育）〕
名詞　「百科事典」
▶ He is called a walking encyclopedia.
（彼は生き字引と呼ばれている）
▶ If you cannot find a book about a certain
subject, check an encyclopedia at your library.
（もしあるテーマに関する本が見つからなければ、
図書館で百科事典に当たってみなさい）

□ **recycle** 〔**re**（再び）+ **cycle**（環、回る）〕
名詞　「リサイクル」
動詞　「リサイクルする」
▶ Approximately 60% of papers in this city will be
recycled soon.
（この都市では近いうちに 60％の紙がリサイクル
されるでしょう）

□ **unicycle** 〔**uni**（1）+ **cycle**（車輪）〕
名詞　「一輪車」

D

de 〔下げる、離れる、完全に、なくす、除く、解く、強意〕

de を省けば反対語になる。

□ **deactivate** 〔**de**（なくす）+ **activate**（活性化する）〕
動詞 「〜の効力をなくす」「解隊する」「非活性化する」

□ **de-alcoholize** 〔**de**（下降）+ **alcoholize**（アルコールにする）〕
動詞 「アルコール度数を低くする」

□ **debug** 〔**de**（除去する）+ **bug**（虫、バグ）〕
動詞 「害虫を駆除する」「（ソフトウエアの）欠陥を除く」

□ **decaffeinated** 〔**de**（なくす）+ **caffein**（カフェイン）+ **ated**（加えた）〕
形容詞 「カフェインを含まない」
※反対語は caffeinated（カフェインを含む）

□ **decaf** 〔**de**（なくす）+ **caf**（カフェイン）〕
名詞 「カフェイン抜きのコーヒー」

□ **decarbonize** 〔**de**（なくす）+ **carbonize**（炭化する）〕
動詞 「カーボンを抜く」

□ **decentralize** 〔**de**（分離）+ **centralize**（中央集権化する）〕
動詞 「地方分散する」

□ **decipher** 〔**de**（解く）+ **cipher**（暗号、暗号文）〕
動詞 「解読する」

□ **declassify** 〔**de**（解く）+ **classify**（機密扱いにする）〕
動詞 「機密扱いを解除する」

□ **decode** 〔**de**（解く）+ **code**（暗号、符号）〕
動詞 「解読する」
▶ Our enemy have finally **decoded** messages.
（敵は遂に通信文を解読した）

□ **de facto** 〔**de**（強意）+ **facto**（事実）〕
形容詞 「事実上の」
▶ **de facto** standard（事実上の標準）
副詞 「事実上」
▶ He became the leader **de facto**.
（事実上、彼はリーダーになった）

☐ **deforest**　〔de（取り除く）+ forest（森林）〕
　　　　動詞　「（森などの）樹木を切り払う」

☐ **defrost**　〔de（取り除く）+ frost（霜、凍結）〕
　　　　動詞　「霜や氷を除去する」「曇りを取り除く」
　　　　　▶ You should **defrost** the windshield before driving.
　　　　　（運転する前にフロントウィンドウの霜や氷を除去すべきです）

☐ **degrade**　〔de（下げる）+ grade（等級、評価）〕
　　　　動詞　「地位を下げる」「評判をおとしめる」

☐ **dehumidify**　〔de（除く）+ humidify（湿らせる）〕
　　　　動詞　「湿気を除く」

☐ **dehydrate**　〔de（除く）+ hydrate（水和させる）〕
　　　　動詞　「脱水する」「乾燥させる」

☐ **demoralize**　〔de（なくす）+ moralize（道徳的に話す）〕
　　　　動詞　「退廃させる」「やる気をなくさせる」

☐ **deodorize**　〔de（除く）+ odorize（臭いをつける）〕
　　　　動詞　「脱臭する」

☐ **deoxidize**　〔de（除く）+ oxidize（酸化する）〕
　　　　動詞　「脱酸素する」「酸素を除く」

☐ **deplane**　〔de（から）+ plane（飛行機）〕
　　　　動詞　「飛行機から降りる」
　　　　　▶ After **deplaning** the passengers were carried by bus to the arrival area.
　　　　　（飛行機から降りてから、乗客たちはバスで到着エリアへ運ばれた）

☐ **derail**　〔de（離れる）+ rail（レール）〕
　　　　動詞　「脱線する」
　　　　　▶ The train was **derailed** after it collided with a herd of cattle.
　　　　　（その列車は牛の群れに衝突して脱線した）

☐ **desulfurize**　〔de（除く）+ sulfurize（硫化する）〕
　　　　動詞　「脱硫する」

□ **dethrone** 〔de（離れる）+ throne（王位、王座）〕
動詞 「王位から退ける」「退位させる」
▶ The king was dethroned.
（王は退位させられた）

□ **devalue** 〔de（なくす）+ value（価値）〕
動詞 「〜の価値を減じる」
▶ devalue currency（通貨の価値を減じる）
※currency devaluation（通貨の価値の減少）

□ **devote** 〔de（完全に）+ vote（誓う）〕
動詞 「捧げる」
▶ I devote this book to my parents.
（私はこの本を両親に捧げます）

□ **devotion** 〔de（完全に）+ votion（捧げること）〕
名詞 「忠誠」「献身」

□ **devotee** 〔devote（捧げる）+ ee（人）〕
名詞 「信者」「愛好者」「愛好家」
▶ a devotee of baseball（野球の愛好家）

demi 〔半分、小さい〕

□ **demigod** 〔demi（半分）+ god（神）〕
名詞 「半神半人」「神格化された人」

□ **demi-pension** 〔demi（半分）+ pension（小さなホテル）〕
名詞 「一泊二食付き宿泊」 ※フランス語に由来。

□ **demitasse** 〔demi（半分）+ tasse（カップ）〕
名詞 「小型コーヒー茶碗」「デミタスカップ」
「デミタス（コーヒー）」
▶ I love to drink a demitasse cup of bitter coffee.
（私は苦いコーヒーをデミタスカップで飲むのがとても好きです）

demo 〔民衆、人口〕、dema 〔煽動する〕

□ **democracy** 〔demo（民衆）+ cracy（政治）〕
名詞 「民主主義」「民主制」「民主社会」
▶ Majority of the people in that country preferred **democracy** to autocracy.
（その国の大多数の国民は独裁政治より民主主義のほうが良いと思った）

□ **democrat** 〔demo（民衆）+ crat（支持者）〕
名詞 「民主主義者」「民主党員」

□ **democratic** 〔demo（民衆）+ crat（支持者）+ ic（形容詞語尾）〕
形容詞「民主主義的な」「民主制の」「民主的な」
▶ Democratic Party（民主党〔米〕）
※ Republican Party（共和党〔米〕）

□ **demagogue** 〔dema（煽動）+ agogos（導く）〕
名詞 「民衆の指導者」「民衆煽動家」
▶ The philosopher became a powerful **demagogue** in the end.
（最終的にはその哲学者は、民衆の強力な指導者になった）

□ **demagoguery** 〔dema（煽動）+ agoguery（導く）〕
名詞 「煽動主義」「大衆煽動」

□ **demagogy** 〔dema（煽動）+ agogy（導く）〕
名詞 「デマを飛ばすこと」「民衆煽動」

□ **demographic** 〔demo（人口）+ graphic（図、グラフ）〕
形容詞「人口学の」「人口統計学の」
▶ demographic adjustment（人口調節）
名詞 購買層、読者層

□ **demographics** 〔demo（人口）+ graphics（製図法、構造計算）〕
名詞 「人口統計学」「人口構成」
▶ His daughter majored in demography especially **demographics** at the famous university in England.
（彼の娘はイギリスの有名な大学で人口学、特に人口統計学を学んだ）

□ **demography** 〔demo（人口）+ graphy（学）〕
　　　　　　　　名詞　「人口学」

dict 〔言う、言葉〕

□ **contradict** 〔contra（反対する）+ dict（言う）〕
　　　　　　　　動詞　「否定する」

□ **diction** 〔dict（言葉）+ tion（名詞語尾）〕
　　　　　　　　名詞　「用語選択」

□ **dictate** 〔dict（言う）+ ate（繰り返し）〕
　　　　　　　　動詞　「書き取らせる」「命令する」「指示する」
　　　　　　　　▶ dictating machine（口述録音機）
　　　　　　　　▶ He dictated three letters to his secretary.
　　　　　　　　　（彼は秘書に3通の手紙を口述して書き取らせた）

□ **dictation** 〔dict（言う）+ a + tion（名詞語尾）〕
　　　　　　　　名詞　「ディクテーション」「口述」「命令」
　　　　　　　　▶ The students take dictation in class.
　　　　　　　　　（生徒たちは授業で口述をします）

□ **dictator** 〔dictate（しばしば言う）+ or（人）〕
　　　　　　　　名詞　「独裁者」「専制君主」

□ **dictatorial** 〔dictator（独裁者）+ ial〕
　　　　　　　　形容詞「独裁の」「専制君主の」

□ **dictatorship** 〔dictator（独裁者）+ ship（名詞語尾）〕
　　　　　　　　名詞　「独裁権」「独裁制の国」「専制国家」
　　　　　　　　▶ military dictatorship（軍国主義の独裁国）

□ **dictionary** 〔dict（言葉）+ ionary（～に関する）〕
　　　　　　　　名詞　「辞書」
　　　　　　　　※「言葉の本」が原義。
　　　　　　　　▶ law dictionary（法律用語の辞書）
　　　　　　　　▶ Why don't you look the word up in the
　　　　　　　　　dictionary?
　　　　　　　　　（その単語を辞書で引いてみたらどうですか？）

□ **dictum**　〔dictum（文字通り言われた言葉）〕
名詞　「格言」「断定」「宣言」
- ▶ I like the old dictum, "Might is right."
  （私は昔の格言で「力は正義なり」が好きです）

□ **indict**　〔in（反対に）+ dict（言う）〕
動詞　「起訴する」
- ▶ The former vice president was indicted for bribery.
  （前副社長は収賄で起訴された）

□ **indictment**　〔in（反対に）+ dict（言う）+ ment（名詞語尾）〕
名詞　「起訴」

□ **jurisdiction**　〔juris（法）+ dict（言う）+ ion（名詞語尾）〕
名詞　「司法権」「裁判権」「権限」

□ **predict**　〔pre（前）+ dict（言う）〕
動詞　「予言する」「予測する」

□ **verdict**　〔ver（真実を）+ dict（言う）〕
名詞　「評決」「決定」「裁定」
- ▶ verdict for the plaintiff（原告勝訴の判決）

dis 〔無、反、不、非、否、離れて、強く〕

dis を外せば反対の意味になる。

□ **disable**　〔dis（無）+ able（できる）〕
動詞　「無力にする」
- ▶ The bank robbers disabled an alarm system at the bank by cutting live wires.
  （銀行強盗たちは電流が流れている回線を切断して銀行の警報システムを使えなくした）

□ **disaccord**　〔dis（反）+ accord（一致）〕
名詞　「不一致」
動詞　「〜と一致しない」

□ **disadvantage** 〔**dis**（反）+ **advantage**（優位）〕
名詞 「不利」「不便」
▶ The lack of higher education put/placed him at a **disadvantage** in the business world.
（高等教育を受けていなかったことが、ビジネスの世界で彼を不利な状況に置いた）

□ **disaffirm** 〔**dis**（不）+ **affirm**（肯定する）〕
動詞 「否定する」「拒否する」

□ **disaffirmance** 〔**dis**（不）+ **affirmance**（断言）〕
名詞 「否定」「否認」「拒否」

□ **disagree** 〔**dis**（不）+ **agree**（賛成する）〕
動詞 「反対する」
▶ I hate to say this, but I **disagree** with you.
（言いにくいのですが、あなたに反対します）

□ **disappear** 〔**dis**（非）+ **ap**（に）+ **pear**（見えてくる）〕
動詞 「消える」
▶ The sun had **disappeared** behind a cloud.
（太陽が雲の後ろに隠れた）

□ **disappoint** 〔**dis**（非）+ **appoint**（取り決める）〕
動詞 「がっかりさせる」
▶ He was **disappointed** to hear the news.
（彼はその知らせを聞いてがっかりした）

□ **disapprove** 〔**dis**（非）+ **approve**（承認する）〕
動詞 「認めない」「不可とする」

□ **disarm** 〔**dis**（非）+ **arm**（武器）〕
動詞 「武装解除する」
▶ The police **disarmed** the terrorists of their weapons.
（警察がテロリストの武装を解除した）

□ **disassemble** 〔**dis**（離れて）+ **assemble**（集める、組み立てる）〕
動詞 「分解する」「ばらばらにする」
▶ All the faulty units were **disassembled**.
（すべての不良ユニットは分解された）

□ **disband** 〔dis（離れて）+ band（一団、集団）〕
　　　　　動詞　「解散する」
　　　　　▶ The company had **disbanded** the organization
　　　　　　 due to lack of funds.
　　　　　　（会社は資金不足で、その組織を解散した）

□ **disbelieve** 〔dis（否）+ believe（信じる）〕
　　　　　動詞　「信じない」「信用しない」

□ **disbelief** 〔dis（否）+ belief（信用）〕
　　　　　名詞　「不信」「信じないこと」「疑惑」

□ **discharge** 〔dis（離れる）+ charge（委ねる、託す）〕
　　　　　動詞　「解放する」「放出する」「送り出す」
　　　　　▶ The hostages have been finally **discharged**.
　　　　　　（人質たちは遂に解放された）

□ **disclose** 〔dis（不）+ close（閉じる、閉める）〕
　　　　　動詞　「暴く」「公開する」「発表する」
　　　　　▶ They **disclosed** a secret about their arch rival.
　　　　　　（彼らは最強の競争会社の秘密をすっぱ抜いた）

□ **discolor** 〔dis（離れる）+ color（色）〕
　　　　　動詞　「退色させる」「変色する」

□ **discomfort** 〔dis（否）+ comfort（快適さ）〕
　　　　　名詞　「不快」「不快症状」

□ **disconnect** 〔dis（反）+ connect（つなぐ）〕
　　　　　動詞　「切断する」
　　　　　▶ **disconnect** all the communication lines
　　　　　　（全ての通信回線を切断する）

□ **discontent** 〔dis（不）+ content（満足感）〕
　　　　　動詞　「不平を抱いている」
　　　　　名詞　「不満」「不平」
　　　　　形容詞「不満な」「不機嫌な」

□ **discontinue** 〔dis（否）+ continue（継続する）〕
　　　　　動詞　「やめる」「中止する」「中断する」

discount
〔dis（否）+ count（勘定、計算）〕
名詞 「値引き」「割引」
▶ Could you give us a 20% discount?
（20％引きしていただけませんか？）
動詞 「値引きする」「割り引く」「考慮に入れない」

discourage
〔dis（否）+ courage（勇気、勇敢）〕
動詞 「落胆させる」「失望させる」

diseconomy
〔dis（不）+ economy（経済）〕
名詞 「不経済」「コストが高く付く要因」

discover
〔dis（非）+ cover（覆う）〕
動詞 「発見する」「発掘する」
▶ The island was discovered by the Spanish sailors.
（その島はスペインの船乗りたちによって発見された）

dishonest
〔dis（反）+ honest（正直な）〕
形容詞 「不正直な」

dislike
〔dis（否）+ like（好きである）〕
動詞 「嫌がる」「嫌い」
▶ I dislike this kind of work.
（私はこの種類の仕事が嫌いです）
名詞 「嫌い」
▶ They took a dislike to each other.
（彼らはお互いに嫌っていた）

disorganize
〔dis（非）+ organize（組織する、編成する）〕
動詞 「組織を崩壊させる」

disqualify
〔dis（非）+ qualify（資格を与える）〕
動詞 「資格を奪う」「失格させる」
▶ The athlete was disqualified after failing a drug test.
（その運動選手は薬物検査に落ちて失格させられた）

disrespect
〔dis（非）+ respect（尊敬する）〕
名詞 「無礼」「軽視」

□ **dissatisfy** 〔dis（不）+ satisfy（満足する）〕
動詞 「不満にさせる」
▶ The poor play **dissatisfied** most of the audience.
（そのひどい芝居は大半の観衆を不満足にさせた）

□ **disturb** 〔dis（強く）+ turb（乱す）〕
動詞 「乱す」「騒がす」「邪魔をする」
▶ Don't **disturb** me. I'm trying to do my homework.
（私の邪魔をしないで。宿題をしようと思っているのだから）

□ **disturbance** 〔dis（強く）+ turb（乱す）+ ance（名詞語尾）〕
名詞 「混乱」「不安」「動揺」

□ **disturbing** 〔dis（強く）+ turb（乱す）+ ing（語尾）〕
形容詞 「騒がしい」
▶ The noise from the next room was very **disturbing**.
（隣の部屋からの騒音はとても騒がしかった）

doc 〔教える〕

□ **doctor** 〔doc（教える）+ tor（人）〕
名詞 「医者」「博士」

□ **doctoral** 〔doctor（博士）+ al（形容詞語尾）〕
形容詞 「博士の」「博士号の」
▶ **doctoral** thesis（博士論文）
▶ After submitting his **doctoral** thesis, he was awarded his Ph.D. in 1980.
（彼は博士論文を提出後、1980 年に博士号を授与されている）

□ **doctorate** 〔doctor（博士）+ ate（位）〕
名詞 「博士号」
▶ The famous writer was awarded his honorary **doctorate** by his university.
（その著名な作家は母校の大学から名誉博士号を授与された）

□ **doctorless** 〔doctor（医者）+ less（ない）〕
形容詞 「医者のいない」
▶ **doctorless** village（無医村）

□ **doctrine** 〔doctrine（教えること）〕
名詞 「教義」「信条」「原理」「ドクトリン」
※dogma と違い、他人から認められる必要があることを含む。

□ **document** 〔docu（教える）+ ment（手段）〕
名詞 「書類」「資料」「記録文書」
▶ Please make ten copies of this **document**.
（この書類のコピーを 10 部取ってください）

□ **documentation** 〔document（書類）+ ation（名詞語尾）〕
名詞 「証拠書類」「資料」

□ **documentary** 〔document（記録）+ ary（〜に関するもの）〕
形容詞 「ドキュメンタリーの」「記録による」
▶ **documentary** film（ドキュメンタリー映画）
▶ This is the best **documentary** film I've ever seen.
（これが今までに私が観た最高のドキュメンタリー映画です）

□ **docutainment** 名詞 「実録娯楽番組」「ドキュメンタリー番組」
※documentary（ドキュメンタリー）+ entertainment（エンタテインメント）

dom 〔状態、界、範囲〕

□ **earldom** 〔earl（伯爵）+ dom（状態）〕
名詞 「伯爵の身分」

□ **fiefdom** 〔fief（領土）+ dom（範囲）〕
名詞 「(封建時代の) 領地」

□ **filmdom** 〔film（映画）+ dom（界）〕
名詞 「映画界」

□ **freedom** 〔free（自由）+ dom（状態）〕
名詞 「自由」
▶ freedom of the press（プレスの自由）
▶ freedom from pain/fear/responsibility
（苦痛 / 恐怖 / 責任からの自由）
▶ She thinks children these days have too much freedom.
（彼女は最近の子供たちは自由すぎると思っている）

□ **kingdom** 〔king（王）+ dom（勢力範囲）〕
名詞 「王国」
▶ The office is his own private kingdom.
（事務所が彼の王国です）
※自然界は次の3つの王国に分かれる。
the animal **kingdom**（動物界）
the mineral **kingdom**（鉱物界）
the plant **kingdom**（植物界）

□ **officialdom** 〔official（役人）+ dom（界）〕
名詞 「役人の世界」「官僚主義」

□ **stardom** 〔star（スター、人気者）+ dom（状態）〕
名詞 「スターダム（の地位）」「スターの座」
▶ an actor who has achieved movie stardom
（映画のスターダムに上り詰めた俳優）

duce, ducate 〔導く〕

□ **deduce** 〔de（引き出す）+ duce（導く）〕
動詞 「推論する」「推測する」

□ **deduction** 〔de（引き出す）+ duction（導くこと）〕
名詞 「推論」

□ **educate** 〔e（外に）+ ducate（導く）〕
動詞 「教育する」

□ **education** 〔e（外に）+ ducation（導くこと）〕
名詞 「教育」

□ **educator** 〔e（外に）+ ducator（導く人）〕
名詞 「教育者」
  ▶ Educators should be trustworthy.
  （教育者は信頼されなければならない）

□ **induce** 〔in（に向かって）+ duce（導く）〕
動詞 「誘い込む」

□ **induction** 〔in（に向かって）+ duction（導くこと）〕
名詞 「入社式」「帰納法」

□ **introduce** 〔intro（内側へ）+ duce（導く）〕
動詞 「紹介する」
  ▶ Let me introduce my best friend to you.
  （あなたに私の親友を紹介させてください）

□ **introduction** 〔intro（内側へ）+ duction（導くこと）〕
名詞 「紹介」「導入」「入門書」

□ **introductory** 〔intro（内側へ）+ ductory（導くこと）〕
形容詞「入門編の」「前置きの」「紹介の」
  ▶ introductory course（入門コース）
  ▶ You have to take an introductory course of
  English conversation first.
  （あなたは最初に英会話の入門コースを受けなけれ
  ばならない）

D

81

□ **produce** 〔pro（前へ）+ duce（導く）〕
動詞 「製造する」
▶ What are you producing in this plant?
（この工場では何を製造しているのですか？）

□ **producer** 〔pro（前へ）+ ducer（導く人）〕
名詞 「製造者」

□ **productive** 〔product（生産すること）+ ive（〜の性質を持った）〕
形容詞 「生産性の高い」

□ **production** 〔product（生産すること）+ ion（すること）〕
名詞 「製造」「生産」

□ **productivity** 〔productiv（生産に向いた）+ ity（状態を表す名詞語尾）〕
名詞 「生産性」
▶ The productivity of this manufacturing plant
should be increased by at least 30%.
（この製造工場の生産性は少なくとも30％は上が
らなければならない）

□ **reduce** 〔re（後ろに）+ duce（導く）〕
動詞 「減少する」「減らす」「縮小する」
▶ We reduced 20% of our total production.
（我々は総生産量の20％を減少させた）

□ **reduction** 〔re（後ろに）+ duction（導くこと）〕
名詞 「減少」
▶ The total reduction amounted to 50%.
（合計減少額は50％に達した）

□ **seduce** 〔se（種を蒔く）+ duce（導く）〕
動詞 「誘惑する」

□ **seduction** 〔seduce（誘惑する）+ tion（名詞語尾）〕
名詞 「誘惑」

duct 〔導く、誘導する〕

▢ **abduct** 〔ab(離れて)+ duct(導く)〕
動詞 「誘拐する」
▶ The ten-year-old daughter of the billionaire has been **abducted.**
（億万長者の 10 歳の娘が誘拐された）

D

▢ **abduction** 〔ab(離れて)+ duction(導くこと)〕
名詞 「誘拐」

▢ **conduct** 〔con(一緒に)+ duct(導く)〕
動詞 「行う」「楽団の指揮をする」
名詞 「行い」
※conduit(導管)が原義。

▢ **conductor** 〔con(一緒に)+ duct(導く)+ or(人)〕
名詞 「指揮者」
▶ He is the most famous **conductor** in Japan.
（彼は日本で一番有名な指揮者です）

▢ **deduct** 〔de(下に)+ duct(導く)〕
動詞 「控除する」

▢ **deduction** 〔de(下に)+ duction(導くこと)〕
名詞 「控除」
▶ You can get a 10% **deduction** in your income tax.
（あなたは所得税の 10％控除を得ることができる）

▢ **duct** 〔duct(導く)〕
動詞 「輸送管」

▢ **induct** 〔in(中に)+ duct(導く)〕
動詞 「入会させる」

83

em, en 〔入る、入れる、与える、中に〕

□ **embed** 〔em（入れる）+ bed（ベッド）〕
動詞 「はめ込む」「埋め込む」
▶ The police found three bullets embedded in a wall.
（警察は壁に埋め込まれた3個の銃弾を見つけた）

□ **embolden** 〔em（入れる）+ bold（大胆な）+ en（なる）〕
動詞 「～に自信をつける」「励ます」

□ **empathy** 〔em（入れる）+ pathy（感情）〕
名詞 「感情移入」「共感」

□ **employ** 〔em（入れる）+ ploy（収める）〕
動詞 「雇用する」「使用する」「雇っている」
▶ This laboratory employs 1,500 researchers.
（この研究所は1,500名の研究者を雇用しています）
▶ My son is employed in a large global corporation.
（私の息子は国際的大会社に雇われています）

□ **employee** 〔em（入れる）+ ploy（収める）+ ee（語尾）〕
名詞 「従業員」
▶ How many employees are there in this company?
（この会社には何人の従業員がいますか？）

□ **employer** 〔em（入れる）+ ploy（収める）+ er（人）〕
名詞 「雇用者」
▶ Who is the employer of this trading company?
（この貿易会社の雇用主は誰ですか？）

□ **employment** 〔em（入れる）+ ploy（収める）+ ment（名詞語尾）〕
名詞 「雇用」
▶ Our community is trying to achieve full employment for workers.
（私たちのコミュニティーでは、労働者たちに完全雇用を勝ち取るように努力しています）

□ **energy**	〔en（入る）+ ergy（仕事）〕
	名詞　「エネルギー」
	▶ conservation of energy（エネルギーの節約）
	▶ atomic/nuclear energy（原子 / 核エネルギー）

□ **engulf**	〔en（入る）+ gulf（湾）〕
	動詞　「吸い込む」「巻き込む」

□ **enthusiasm**	〔en（中に）+ thus（神）+ asm（状態）〕
	※「神に支配された」が原義。
	名詞　「感激」「熱中」

□ **enthuse**	〔en（中に）+ thus（神）+ e〕
	動詞　「熱狂させる」「興奮させる」
	▶ The company's new marketing strategy enthused all employees.
	（会社の新しい販売促進戦略は全従業員を興奮させた）

□ **enclose**	〔en（中に入れる）+ close（閉じる）〕
	動詞　「囲む」「同封する」
	▶ Please enclose a check with your application.
	（申込用紙と小切手を同封してください）

□ **encourage**	〔en（入る）+ courage（勇気）〕
	動詞　「励ます」「促す」
	▶ Let's encourage each other with kind words.
	（お互いに優しい言葉で励まし合いましょう）
	▶ I'm encouraged that the project seems to be moving ahead.
	（プロジェクトが順調に前進しているようなので、元気づけられています）

□ **endeavor**	〔en（入る）+ deavor（全力を尽くす）〕
	動詞　「努力する」
	▶ They endeavored to create a company that serves the local community.
	（彼らは地元のコミュニティーに貢献できる会社を設立するように努力しました）

□ **enfold**	〔en（中に）+ fold（収める）〕
	動詞　「包む」「くるむ」

□ **enforce** 〔en（与える）+ force（力）〕
動詞 「（法律などを）実施する」「実行する」

□ **enforcement** 〔en（与える）+ force（力）+ ment（名詞語尾）〕
名詞 「（法律などの）執行」
▶ law enforcement（法の執行）

□ **engage** 〔en（入る）+ gage（誓約）〕
動詞 「婚約している」「従事する」
▶ He is engaged to her.
（彼は彼女と婚約している）
▶ He is engaged as a company lawyer.
（彼は会社の弁護士として働いている）

□ **engagement** 〔en（入る）+ gage（誓約）+ ment（名詞語尾）〕
名詞 「婚約」「約束」

□ **enroll** 〔en（入る）+ roll（名簿）〕
動詞 「入会する」「入学する」「登録する」
▶ The university enrolls about 8,000 students every year.
（その大学は毎年 8000 名の学生を入学させる）
▶ She enrolled herself in a weight-loss program.
（彼女は体重削減プログラムに登録しました）

□ **envelop** 〔en（中に）+ velop（包む）〕
動詞 「包む」「くるむ」
▶ The tall tower was enveloped in flames.
（その高い塔は炎に包まれていた）
▶ Their headquarters were enveloped in mist.
（彼らの本社は霧に包まれていた）

□ **envelope** 〔en（中に）+ velope（包む）〕
名詞 「封筒」「包むもの」
▶ Please put your personal check in a return envelope.
（返信用封筒に個人用小切手を入れてください）

□ **envelopment** 〔en（中に）+ velop（包む）+ ment（名詞語尾）〕
名詞 「包むこと」

equ, equi, equal 〔等しい〕

□ **equal**
〔**equ**（等しい）+ **al**（語尾）〕
形容詞 「等しい」「平等な」
▶ two **equal** parts（2 つの相等しい部分）
▶ All men are created **equal**.
（人間は全て平等に作られている）
動詞 「等しくする」
▶ The total amount **equals** $250.
（合計金額は 250 ドルになる）
名詞 「匹敵者・物」
▶ You should treat him as your **equal**.
（あなたは彼を同等の人として扱うべきです）
▶ She considers him as her **equal**.
（彼女は彼を好敵手と見なしている）

E

□ **equally**
〔**equal**（等しい）+ **ly**（語尾）〕
副詞 「等しく」
▶ Parents are **equally** responsible for kids'
behaviors.
（子供たちの行動には両親も同じくらい責任があ
る）

□ **equality**
〔**equal**（等しい）+ **ity**（語尾）〕
名詞 「平等」「均等」

□ **equate**
〔**equ**（等しい）+ **ate**（する）〕
動詞 「平均化する」

□ **equation**
〔**equ**（等しい）+ **ation**（状態）〕
名詞 「均等化」「方程式」

□ **equip**
〔**equip**（装備する）〕
動詞 「用意させる」「備え付ける」
▶ This notebook is **equipped** with a long-lasting
lithium ion battery.
（このノートブックは長持ちするリチウムイオン電
池が備え付けられています）

E

□ **equipment** 〔equip（装備する）+ ment（名詞語尾）〕
名詞 「装置」「設備」
▶ One half of our current manufacturing equipment should be replaced within one year.
（現在の製造設備の半分は1年以内に取り替えられなければなりません）

□ **equitable** 〔equit（等しい）+ able（できる）〕
形容詞 「公正な」「公平な」

□ **equitably** 〔equit（等しい）+ ably（できる）〕
副詞 「公正に」「公平に」

□ **equity** 〔equ（等しい）+ ity（状態を表す）〕
名詞 「公平」

□ **equities** 〔equit（等しい）+ ies（複数名詞語尾）〕
名詞 「株式」「普通株」
▶ equities of creditors（債権者持ち分）

□ **equivocal** 〔equi（等しい）+ voc（声）+ al（の）〕
形容詞 「曖昧な」「疑わしい」
▶ We should omit equivocal sentences in our reports as many as possible.
（我々は報告書内でできるだけ曖昧な文章を省かなければならない）

□ **equivocate** 〔equi（等しい）+ voc（声）+ ate（する）〕
動詞 「曖昧な言葉を使う」

□ **equivocation** 〔equi（等しい）+ voc（声）+ ation（状態）〕
名詞 「曖昧な言葉を使うこと」

□ **equivocator** 〔equi（等しい）+ voc（声）+ ator（人）〕
名詞 「曖昧な言葉を使う人」

□ **equalize** 〔equal（等しい）+ ize（の状態にする）〕
動詞 「平等化する」
▶ One of the important jobs for a manager is to equalize work load among staffs.
（管理者の重要な仕事の一つに、スタッフの仕事量を均等にすることがあります）

□ **equalization**　〔equal（等しい）+ ization（その状態にする名詞語尾）〕
　　　　　　　　名詞　「平等化すること」

□ **equalizer**　〔equaliz（等しい）+ er（するもの）〕
　　　　　　　名詞　「平等にするもの」
　　　　　　　▶ A pistol is sometimes called an **equalizer**.
　　　　　　　（ピストルは時には、平等にするものと呼ばれる）
　　　　　　　※強い人と弱い人を平等の強さにするところから。

ex　〔外に、外へ、外で、出す〕

□ **exit**　〔ex（外に）+ it（行く）〕
　　　　　名詞　「出口」「出国」
　　　　　▶ **exit** poll（出口調査）
　　　　　▶ You should get your **exit** visa before you leave
　　　　　this country.
　　　　　（この国から出る前に出国ビザを入手しなければな
　　　　　りません）
　　　　　動詞　「退出する」

□ **excite**　〔ex（外に）+ cite（～に注意を喚起させる）〕
　　　　　動詞　「興奮させる」
　　　　　▶ I'm getting **excited**.（興奮してきました）

□ **excitement**　〔ex（外に）+ cite（～に注意を喚起させる）+ ment（名詞
　　　　　　　語尾）〕
　　　　　　名詞　「興奮」「興奮させるもの・こと」
　　　　　　▶ The boy who came in the first in the 100 meter-
　　　　　　run spoke in **excitement**.
　　　　　　（100メートル競走で1着になった男の子は、興奮
　　　　　　して話をした）

□ **exclude**　〔ex（出す）+ clude（閉じる）〕
　　　　　動詞　「締め出す」「排除する」

□ **excommunicate**　〔ex（出す）+ communicate（他の人と共有する）〕
　　　　　　　　動詞　「破門する」「除名する」

□ **exculpate**　〔ex（外に）+ culpate（とがめる）〕
　　　　　　名詞　「無罪にする」「無罪を証明する」

□ **exculpatory** 〔ex（外に）+ culpatory（とがめる性質のある）〕
形容詞「弁明の」「無罪を証明する」

□ **exculpable** 〔ex（外に）+ culp（とがめる）+ able（できる）〕
形容詞「無罪にできる」「弁明できる」

□ **execrate** 〔ex（外に）+ ecrate（神聖にする）〕
動詞「忌み嫌う」「ひどく嫌う」「けなす」

□ **excuria** 〔ex（外で）+ curia（法廷）〕
副詞「法廷外で」

□ **execute** 〔ex（外に）+ ecute（後を追う）〕
動詞「実行する」「〜に死刑を執行する」
▶ We should execute our own duties.
（我々は自分たちの義務を果たさなければならない）

□ **executed** 〔ex（外に）+ ecute（後を追う）+ d〕
形容詞「実施された」「施行された」

□ **expatriate** 〔ex（外に）+ patriate（権限などを移す）〕
動詞「国外追放する」「国籍を捨てる」
▶ All the ex-convicts are to be expatriated in a month.
（全ての元囚人たちは1ヶ月以内に国外追放されることになっている）

□ **expatriation** 〔ex（外に）+ patriation（権限などを移すこと）〕
名詞「国外追放」

□ **expire** 〔ex（外に）+ pire（呼吸する）〕
動詞「期限が切れる」「満期になる」「息を引き取る」
▶ Your passport expired a month ago.
（あなたのパスポートは1ヶ月前に切れています）

□ **exterminate** 〔ex（出す）+ term（終わり）+ nate（〜にする）〕
動詞「根絶する」「皆殺しにする」

□ **extermination** 〔ex（出す）+ term（終わり）+ nation（〜にすること）〕
名詞「根絶」「駆除」

ex 〔前の、先の、以前の〕

□ **ex-boyfriend** 〔ex（前の）+ boyfriend（彼）〕
名詞 「元彼」

□ **ex-chairman** 〔ex（前の）+ chairman（議長）〕
名詞 「前議長」「前会長」

□ **ex-convict** 〔ex（前の）+ convict（受刑者）〕
名詞 「前科者」

□ **ex-girlfriend** 〔ex（前の）+ girlfriend（彼女）〕
名詞 「元カノ」

□ **ex-husband** 〔ex（前の）+ husband（夫）〕
名詞 「前夫」

□ **ex-president** 〔ex（前の）+ president（社長）〕
名詞 「前社長」

□ **ex-wife** 〔ex（前の）+ wife（妻）〕
名詞 「前妻」

exact 〔正確な〕

□ **exact** 〔exact（正確な）〕
※〔ex（完全に）+ act（実行する）〕
形容詞「正確な」
▶ The exact facts are not yet available.
（正確な事実はまだ入手できない）

□ **exactable** 〔exact（正確な）+ able（できる）〕
形容詞「強制できる」「強制取り立て可能な」

□ **exactor** 〔exact（正確な）+ or（人）〕
名詞 「強制者」「厳しい取り立て人」

□ **exactitude** 〔exact（正確な）+ tude（性質）〕
名詞 「正確さ」「精密度」

□ **exactness** 〔exact（正確な）+ ness（名詞語尾）〕
名詞 「正確さ」「精密度」

□ **exactly**　〔exact（正確な）+ ly（副詞語尾）〕
　　　　　　副詞　「間違いなく」「全く」「完全に」
　　　　　　▶ You are exactly right about that.
　　　　　　（それに関して、あなたは全く正しい）

---

exo 〔外、外部、外に〕

□ **exoatmosphere**　〔exo（外）+ atmosphere（空気、大気）〕
　　　　　　名詞　「外気圏」
　　　　　　▶ Exoatmosphere exists outside the
　　　　　　atmosphere.
　　　　　　（外気圏は大気圏の外に存在している）

□ **exocentric**　〔exo（外部）+ centric（中心の）〕
　　　　　　形容詞「外心的な」

□ **Exodus**　〔exo（外に）+ dus（旅）〕
　　　　　　名詞　「出エジプト記」　※固有名詞。
　　　　　　▶ The events depicted in Exodus have been
　　　　　　variously dated by scholars between 16th and
　　　　　　12th century BC.
　　　　　　（出エジプト記に記述された出来事は、学者たちに
　　　　　　よって紀元前 16 世紀から 12 世紀の間に年代づけ
　　　　　　られている）

□ **exoenzyme**　〔exo（外）+ enzyme（酵素）〕
　　　　　　名詞　「外酵素」

□ **exoergic**　〔exo（外）+ ergo（仕事）+ ic（を生じる）〕
　　　　　　形容詞「エネルギーを放出する」「発熱の」

□ **exodermis**　〔exo（外）+ dermis（表皮）〕
　　　　　　名詞　「外皮層」

□ **exotic**　〔exo（外）+ tic（に属する）〕
　　　　　　形容詞「異国情緒のある」「風変わりな」
　　　　　　▶ exotic flavors（異国情緒の味わい）
　　　　　　▶ exotic colors（風変わりな色合い）
　　　　　　▶ The millionaire is known for his exotic taste.
　　　　　　（その大金持ちは風変わりな趣味があることで知ら
　　　　　　れている）

extra 〔外の、以外の、度を越して〕

- **extracardial** 〔**extra**（外の）+ **cardial**（心臓の）〕
  形容詞「心臓外の」

- **extracellular** 〔**extra**（外の）+ **cellular**（細胞の）〕
  形容詞「細胞外の」

- **extracosmical** 〔**extra**（外の）+ **cosmical**（宇宙の）〕
  形容詞「宇宙外の」

- **extracurricular** 〔**extra**（外の）+ **curricular**（コース）〕
  形容詞「課外の」
  - ▶ All the students enjoy **extracurricular** activities very much.
    （全生徒は課外活動が大好きです）

- **extraofficial** 〔**extra**（外の）+ **official**（公務の）〕
  形容詞「職権外の」「職務外」

- **extraordinary** 〔**extra**（外の）+ **ordinary**（普通の）〕
  形容詞「尋常でない」「法外な」
  - ▶ You should make an **extraordinary** effort to achieve this goal.
    （この目標を達成するためには、並々ならぬ努力をしなければならない）

- **extramarital** 〔**extra**（外の）+ **marital**（結婚の）〕
  形容詞「結婚外の」
  - ▶ an **extramarital** affair（不倫）

- **extraneous** 〔**extra**（外の）+ **neous**（不思議な）〕
  形容詞「外来の」「無関係の（unrelated）」
  - ▶ **extraneous** interferences（外部干渉）

- **extrasensory** 〔**extra**（度を越して）+ **sensory**（感覚の）〕
  形容詞「超感覚的な」

- **extraterrestrial** 〔**extra**（外に）+ **terrestrial**（地球の）〕
  形容詞「地球外の」
  ※映画「ET」はこの単語の頭文字から。

E

fact 〔作る、行う〕

□ **artifact**
〔arti（技術）＋ fact（作る）〕
名詞 「工芸品」「加工品」「作為」

□ **benefactor**
〔bene（良い）＋ fact（行う）＋ or（人）〕
名詞 「後援者」「慈善活動家」

□ **fact**
〔fact（為されたこと、事実）〕
名詞 「事実」「現実」

▶ as a matter of fact
（実際のところ、本当のところ）

▶ As a matter of fact, it's quite easy.
（実際のところ、それは結構簡単です）

▶ It's a sad fact that people slow down as they get older.
（人々が年を取ると鈍くなるのは悲しい現実である）

□ **faction**
〔fact（行う）＋ ion（名詞語尾）〕
名詞 「党派」「派閥」「派閥争い」

□ **factional**
〔faction（党派）＋ al（形容詞語尾）〕
形容詞「党派の」

□ **factionalize**
〔faction（党派）＋ alize（する）〕
動詞 「派閥化する」

□ **factor**
〔fact（行う）＋ or（人、もの）〕
名詞 「要因」「因子」

▶ job factor（労働条件）

▶ Good time management is a key factor in getting a higher management job.
（時間管理が上手なことが、高い管理職に就くための重要条件である）

□ **factory**
〔fact（作る）＋ ory（場所）〕
名詞 「工場」

□ **fact-finding** 〔fact（事実）+ finding（発見したもの）〕
形容詞「実情調査の」
▶ I'm on a **fact-finding** mission to research a company-wide scandal.
（私は全社的な不祥事の実情調査のミッションに携わっている）
名詞 「実情調査」

fect 〔作る、行う〕

□ **affect** 〔af（する）+ fect（作る）〕
動詞 「影響を及ぼす」
▶ Acids don't **affect** gold.
（酸は金に影響を与えない）

□ **confection** 〔con（一緒に）+ fect（作る）+ ion（名詞語尾）〕
名詞 「菓子」「調合」

□ **confectionary** 〔con（一緒に）+ fect（作る）+ ionary（名詞語尾）〕
名詞 「菓子類」

□ **confectioner** 〔con（一緒に）+ fect（作る）+ ioner（名詞語尾）〕
名詞 「菓子屋」
▶ I'll take you to my favorite **confectioner**.
（お気に入りの菓子屋にあなたをお連れしましょう）

□ **defect** 〔de（除く）+ fect（作る）〕
名詞 「欠陥」

□ **defective** 〔de（除く）+ fect（作る）+ ive（語尾）〕
形容詞「欠陥のある」
名詞 「不良品」
▶ Eight units out of 100 are **defective**.
（100 個のうち 8 個が不良品です）

□ **effect**	〔ef（外に）+ fect（作る、行う）〕 名詞 「効果」「結果」「影響」 ▶ cause and effect（原因と結果） ▶ Working long overtime has a bad effect on your health. （長時間残業することは健康に悪い影響を与える） ※affect は動詞で「影響を与える」という意味なので混同しないように注意。
□ **infect**	〔in（中に）+ fect（作る）〕 動詞 「病気を移す」「汚染される」 ▶ Some emails were infected with a computer virus. （メールによっては、コンピューター・ウイルスに感染しているものもあった）
□ **infection**	〔in（中に）+ fect（作る）+ ion（こと）〕 名詞 「感染」「伝染」
□ **infectious**	〔in（中に）+ fect（作る）+ ious（形容詞語尾）〕 形容詞「感染性の」「伝染性の」 ▶ infectious virus（伝染性のウイルス）
□ **perfect**	〔per（する）+ fect（行う）〕 形容詞「完全な」「完璧な」 ▶ Nobody is perfect.（完璧な人などいない）
□ **perfection**	〔per（完全に）+ fect（行う）+ ion（こと）〕 名詞 「完璧」 ▶ Don't expect perfection in their work. （彼らの仕事に完璧さを期待してはいけない）
□ **prefect**	〔pre（前に）+ fect（行う）〕 名詞 「知事」
□ **prefecture**	〔pre（前に）+ fect（行う）+ ure（集団）〕 名詞 「県」「県庁」「地区」 ▶ I live in Kanagawa Prefecture. （私は神奈川県に住んでいます）

fer 〔運ぶ、なる〕

□ **aquifer**
〔aqui（水）+ fer（運ぶ）〕
名詞 「帯水層」

□ **confer**
〔con（一緒に）+ fer（運ぶ）〕
動詞 「授与する」「参照する」
▶ Last year the university obtained a privilege of **conferring** degrees.
（昨年、その大学は学位を授与する特権を得た）

□ **conifer**
〔cone（実、球果）+ fer（なる）〕
名詞 「針葉樹」

□ **coniferous**
〔cone（実、球果）+ fer（なる）+ ous（形容詞語尾）〕
形容詞「針葉樹の」
▶ **coniferous** woods/forests（針葉樹林）
▶ The country has both **coniferous** forests and broad-leaved forests.
（その国には針葉樹の森と広葉樹の森の両方があります）

□ **defer**
〔de（分離）+ fer（運ぶ）〕
動詞 「延ばす」「先送りする」
▶ We had better **defer** the decision until next week.
（結論は来週まで延ばしたほうがいいでしょう）

□ **differ**
〔dif（分離）+ fer（運ぶ）〕
〔dif は dis から変化し反対の意味 + fer（運ぶ）〕
動詞 「異なる」

□ **difference**
〔dif（分離）+ fer（運ぶ）+ ence（名詞語尾）〕
名詞 「違い」「相違点」「差」「開き」
▶ What are the **differences** between men and women?
（男性と女性の違いは何ですか？）

□ **fertile** 〔fer（なる）+ ile（に適した）〕
形容詞「肥えた」「肥沃な」
▶ What you are seeing in front are very **fertile** plains.
（あなたが目の前に見ているのはとても肥沃な平野です）

□ **infer** 〔in（中に）+ fer（運ぶ）〕
動詞 「推論する」「察する」「暗示する」

□ **offer** 〔of（に向かって）+ fer（運ぶ）〕
動詞 「申し出る」「提供する」
▶ What do you **offer** to us in return?
（お返しに何を提供してくれますか？）
名詞 「申し出」「提供」
▶ Our **offer** is further price reduction.
（我々が提供するのは、更なる値下げです）

□ **prefer** 〔pre（前）+ fer（運ぶ）〕
動詞 「より好む」「〜のほうを選ぶ」
▶ I **prefer** coffee to tea.
（私は紅茶よりコーヒーのほうが好きだ）

□ **refer** 〔re（について）+ fer（運ぶ）〕
動詞 「言う」「呼ぶ」
▶ The President of America is often **referred** to as the leader of the free world.
（アメリカ大統領は、しばしば自由社会のリーダーと言われる）
▶ Influenza is frequently **referred** to as the flu.
（インフルエンザは、しばしばフルーと呼ばれる）

fic 〔作る、形作る、行う〕

□ **artificial** 〔arti（技術）+ fic（作る）+ ial（形容詞語尾）〕
形容詞「人工の」「人工的な」「人為の」
▶ an **artificial** eye（義眼）
※false teeth（入れ歯）

□ **deficit** 〔de（悪く）+ fic（作る）+ it〕
名詞 「欠損」「赤字」

□ **difficult** 〔dif（ない）+ ficult（作るのが容易な）〕
形容詞 「難しい」
▶ What is so **difficult** about this issue?
（この問題の何がそんなに難しいのですか？）

□ **efficient** 〔ef（外に）+ fic（作る）+ ient（状態にする）〕
形容詞 「効率的な」

□ **fiction** 〔fic（作る）+ tion（こと）〕
名詞 「フィクション」
▶ non-**fiction**（ノンフィクション）
▶ Fact is stranger than **fiction**.
（事実は小説より奇なり）
▶ My husband prefers non-**fiction** TV programs
to fiction ones.
（主人はフィクションよりもノンフィクションのテ
レビ・プログラムが好きです）

□ **magnificent** 〔magni（大きくする）+ fic（作る）+ ent（にする）〕
形容詞 「壮大な」

□ **office** 〔of（仕事）+ fic（行う）+ e〕
名詞 「オフィス」「営業所」
▶ Our company opened a sales **office** in London
last year.
（我が社は昨年、ロンドンに営業所を開設しました）

□ **proficient** 〔pro（〜のために）+ ficient（作る）〕
形容詞 「熟達した」
▶ He was **proficient** at his job.
（彼は自分の仕事に熟練していた）

□ **sacrifice** 〔sacri（聖なる）+ fic（作る）+ e〕
名詞 「犠牲」
動詞 「犠牲にする」

F

☐ **suffice**　〔**suf**（十分に）+ **fic**（作る）+ **e**〕
　　　　　　動詞　「〜に十分である」
　　　　　　　　▶ **suffice** to say（これだけ言えば十分である）
　　　　　　　　▶ **Suffice** to say, he is very busy with two jobs,
　　　　　　　　　and taking care of four children singlehandedly.
　　　　　　　　　（これだけ言えば十分であるが、彼は2つの仕事を
　　　　　　　　　持ち、一人で4人の子供を育てている）

☐ **sufficient**　〔**suf**（十分に）+ **fic**（作る）+ **ient**（状態）〕
　　　　　　形容詞「十分な」「満足な」

---

fin 〔終わり、区切り、制限、限定〕

☐ **confine**　〔**con**（一緒に）+ **fin**（区切り）+ **e**〕
　　　　　　動詞　「限る」「制限する」「限定する」

☐ **define**　〔**de**（下げる）+ **fin**（区切り）+ **e**〕
　　　　　　動詞　「定義する」「明確にする」「規定する」

☐ **final**　〔**fin**（終わり）+ **al**（〜な）〕
　　　　　　名詞　「決勝」「最終のもの」
　　　　　　形容詞「最終の」「確定的な」
　　　　　　　　▶ Before ending this meeting, I would like to
　　　　　　　　　make a short **final** statement.
　　　　　　　　　（この会議を終わる前に、最後の短い話をさせてい
　　　　　　　　　ただきたいと思います）

☐ **finally**　〔**final**（最後の）+ **ly**（副詞語尾）〕
　　　　　　副詞　「最後に」「遂に」

☐ **finale**　〔**final**（最後の）+ **e**〕
　　　　　　名詞　「フィナーレ」

☐ **finance**　〔**fin**（終わり）+ **ance**（状態にする）〕
　　　　　　名詞　「財政」

□ **fine**　　〔**fine**（終わり、完成された、お金で決着）〕
　　　　　　形容詞「すばらしい」
　　　　　　名詞　「罰金」
　　　　　　動詞　「罰金を科す」
　　　　　　　▶ You'll be **fined** for parking here.
　　　　　　　　（ここに駐車すると、罰金を科せられます）

□ **finish**　　〔**fin**（終わり）+ **ish**（語尾）〕
　　　　　　動詞　「終える」
　　　　　　名詞　「終わり」

□ **infinite**　〔**in**（非）+ **finite**（制限されている）〕
　　　　　　形容詞「無限の」
　　　　　　　▶ He'll have an **infinite** opportunity for success.
　　　　　　　　（彼には、成功する無限のチャンスがある）

□ **infinitive**　〔**in**（不）+ **fin**（限定）+ **itive**（語尾）〕
　　　　　　名詞　「不定詞」

flu 〔流れる、流行する〕

□ **affluent**　〔**af**（～へ）+ **flu**（流れる）→ いっぱいになった〕
　　　　　　形容詞「富裕な」「豊かな」
　　　　　　　▶ She is from an **affluent** family.
　　　　　　　　（彼女は裕福な家の出である）

□ **fluctuate**　〔**fluctus**（波）+ **ate**（する）〕
　　　　　　動詞　「変動する」

□ **fluent**　　〔**flu**（流れる）+ **ent**（性質）〕
　　　　　　形容詞「流暢な」

□ **fluently**　〔**flu**（流れる）+ **ent**（性質）+ **ly**（副詞語尾）〕
　　　　　　副詞　「流暢に」
　　　　　　　▶ She **fluently** speaks French, English, and
　　　　　　　　Spanish.
　　　　　　　　（彼女はフランス語、英語、スペイン語を流暢に話す）

□ **fluid**　　〔**flu**（流れる）+ **id**（状態）〕
　　　　　　名詞　「流体」

F

□ **flux**　〔flu（流れる）+ x〕
名詞　「流れ」

□ **influence**　〔in（中に）+ flu（流れる）+ ence（すること）〕
名詞　「影響」「影響のある人」
　▶ under the **influence** of（～の影響下にある）
　▶ The tutor was a good **influence** on my son.
　（家庭教師は私の息子に良い影響を与えた）
　▶ He was arrested for driving under the **influence** of alcohol.
　（彼はアルコールの影響下で運転して逮捕された）

□ **influencer**　〔in（中に）+ flu（流れる）+ encer（行為者）〕
名詞　「影響を与える人」

□ **influenza**　〔in（中に）+ flu（流行する）+ enza（状態）〕
名詞　「インフルエンザ」

□ **superfluous**　〔super（超える）+ flu（流れる）+ ous（形容詞語尾）〕
形容詞「必要以上の」「過分な」「無駄な」

for 〔禁止、除外、徹底〕

□ **forbid**　〔for（禁止）+ bid（命じる）〕
動詞　「禁止する」「禁じる」
　▶ **forbidden** foods（禁止された食べ物）
　※エデンの園におけるリンゴなど。
　▶ Smoking is **forbidden** in this building.
　（この建物内では喫煙は禁止されている）
　▶ She was **forbidden** from marrying him.
　（彼女は彼との結婚を禁じられていた）

□ **forget**　〔for（前に、離れて）+ get（入手する）〕
動詞　「忘れる」
　▶ I keep **forgetting** his name.
　（彼の名前を忘れてばかりいる）

□ **forgetful**　〔forget（忘れる）+ ful（性質がある）〕
形容詞「忘れっぽい」

□ **forgive**　〔**for**（徹底）+ **give**（与える）〕
動詞　「許す」「許可する」
▶ We must ask God to forgive us for our sins.
（私たちは自分たちの犯した罪に対して神に許しを
願わなければならない）

□ **forgo**　〔**for**（前に、離れて）+ **go**（行く）〕
動詞　「やむを得ず控える」「慎む」
▶ We need to forgo a trip to Kyoto.
（京都への旅行を止める必要がある）

□ **forlorn**　〔**for**（徹底）+ **lorn**（失う）〕
形容詞　「わびしい」「絶望した」
▶ a forlorn landscape（わびしい風景）
▶ a forlorn old widow（寄る辺のない年老いた未
亡人）

□ **forbear**　〔**for**（徹底）+ **bear**（耐える）〕
動詞　「差し控える」「するのをやめる」「我慢する」

□ **forsake**　〔**for**（前に、離れて）+ **sake**（目的、利益）〕
動詞　「見捨てる」「放棄する」
▶ All my friends have forsaken me.
（全ての友人が私を見捨てた）

□ **forswear**　〔**for**（徹底）+ **swear**（誓う）〕
動詞　「誓って絶つ」「断然やめる」
▶ He forswore cigarettes/smoking as his New
Year's resolution.
（彼は新年の誓いとしてタバコ／喫煙をやめること
を宣言した）

fore 〔前の、前に、前もって、先の〕

□ **forearm**　〔**fore**（前の）+ **arm**（腕）〕
名詞　「前腕」

□ **forebode**　〔**fore**（前もって）+ **bode**（予告する）〕
動詞　「〜の前兆になる」
▶ The clouds forebode rain.
（雲が雨の前兆を示している）

103

□ **foreboding** 〔fore（前もって）+ boding（前兆）〕
名詞 「前兆」

□ **forecast** 〔fore（前に）+ cast（投げる）〕
動詞 「予測する」「予想する」
▶ Rain is forecast for Yokohama tonight.
（今晩、横浜では雨の予報です）

名詞 「予測」「予想」
▶ weather forecasts（天気予報）
▶ economic forecasts（経済予想）
▶ Snow is not in the forecast for Nagano tomorrow morning.
（明日の朝、長野では雪の予報はありません）

□ **forecaster** 〔fore（前に）+ cast（投げる）+ er（人）〕
名詞 「天気予報官」
※weather forecaster とも言う。

□ **forecastle** 〔fore（前の）+ castle（囲い）〕
名詞 「船首楼」

□ **forecited** 〔fore（前に）+ cited（引用した）〕
形容詞 「前に引用した」「前掲の」
▶ This information is forecited in this document.
（この情報はこの書類の中で既に引用してある）

□ **foreclose** 〔fore（前に）+ close（閉じる）〕
動詞 「除外する」「締め出す」「無効にする」

□ **foreclosure** 〔fore（前に）+ closure（封鎖）〕
名詞 「差し押さえ」「抵当権実行」
▶ They took proceedings for foreclosure.
（彼らは抵当権実行の手続きを取った）

□ **forecourt** 〔fore（前の）+ court（中庭）〕
名詞 「前庭（広場）」

□ **foreground** 〔fore（前の）+ ground（景色）〕
名詞 「前景」「最前面」
▶ A good photo should have something interesting in the **foreground**, in the center, and in the background.
（良い写真は、前景、中心、背景にそれぞれ何か興味深いものがなければならない）

□ **forehand** 〔fore（前の）+ hand（手）〕
名詞 「フォアハンド」〔テニス〕
形容詞 「最前部の」「前方の」

□ **forehead** 〔fore（前の）+ head（頭）〕
名詞 「額」
▶ a high **forehead**（広い額）

□ **foreman** 〔fore（先の）+ man（人間）〕
名詞 「親方」「主任」「現場監督」

□ **foresee** 〔fore（前もって）+ see（見る）〕
動詞 「先見する」「予見する」
▶ We must **foresee** what will happen to our organization.
（私たちの組織に何が起こるか、先を読まなければならない）
※過去形 forsaw、過去分詞形 forseen。

□ **foreshadow** 〔fore（前もって）+ shadow（影、気配）〕
動詞 「〜の兆候を示す」「前兆を示す」
▶ The incident **foreshadows** more serious events in the near future.
（この出来事は近い将来、更に深刻な事態が起こる前兆を示している）

□ **foreword** 〔fore（前に）+ word（言葉）〕
名詞 「はしがき」「序文」
▶ An author should try to write the best **foreword** to impress possible readers.
（読者になる可能性のある人に感銘を与えるように、著者は最高のはしがきを書くように努力すべきである）

form 〔形、形式、形作る〕

□ **conform** 〔con（一緒に）+ form（形作る）〕
動詞 「同じようにする」「合わせる」

□ **deform** 〔de（離して）+ form（形作る）〕
動詞 「変形させる」「形を崩す」「デフォルメする」

□ **form** 〔form（形）〕
名詞 「形式」
動詞 「形作る」

□ **formal** 〔form（形式）+ al（〜に関する）〕
形容詞「正式な」
▶ My wife and I received a **formal** invitation letter to the company-hosted Christmas party.
（妻と私は会社主催のクリスマス・パーティーへの正式な招待状を受け取った）

□ **format** 〔form（形）+ at〕
名詞 「フォーマット」

□ **formula** 〔form（形）+ ula（小さな）〕
名詞 「フォーミュラ」「公式」
▶ a **formula** car（フォーミュラ・カー）

□ **inform** 〔in（〜に向かって）+ form（形作る）〕
動詞 「知らせる」「告げる」
▶ Please keep me **informed** of any new happening.
（何か新しい出来事が起きたら、私に知らせてください）

□ **information** 〔in（〜に向かって）+ formation（形作るもの）〕
名詞 「情報」

□ **perform** 〔per（〜を通して）+ form（形作る）〕
動詞 「演ずる」「遂行する」

□ **performance** 〔per（〜を通して）+ form（形作る）+ ance（こと）〕
名詞 「パフォーマンス」「演技」「遂行」

□ **performer**　〔per（〜を通して）+ form（形作る）+ er（人）〕
名詞　「演技者」「上演者」「役者」
▶ He is said to be a good promiser, but a bad
performer.
（彼は、約束は立派だが、実行はしない人だと言わ
れている）

□ **reform**　〔re（再び）+ form（形作る）〕
動詞　「改善する」

□ **transform**　〔trans（変更）+ form（形作る）〕
動詞　「変形させる」「変える」「転換する」

□ **transformation**　〔trans（変更）+ form（形）+ ation（名詞語尾）〕
名詞　「変形」「変化」「変圧」

□ **transformer**　〔trans（変更）+ form（形）+ er（もの）〕
名詞　「変圧器」「トランスフォーマー」
▶ You should bring a transformer to your trip to
Europe.
（あなたはヨーロッパ旅行に変圧器を持って行くべ
きです）

□ **uniform**　〔uni（一つの）+ form（形）〕
名詞　「ユニフォーム」
形容詞「統一された」

full 〔いっぱいの、完全な、十分に〕

□ **full-blooded**　〔full（完全な）+ blooded（血を持っている）〕
形容詞「純血の」

□ **full-page**　〔full（いっぱいの）+ page（ページ）〕
形容詞「1 ページ全面の」
▶ We should put a full-page ad of our latest
products in a newspaper.
（新聞に我が社の最新製品の全面広告を出したほう
がいい）

□ **full-power**　〔full（完全な）+ power（力）〕
形容詞「全出力の」

□ **full-screen** 〔**full**（完全な）+ **screen**（画面）〕
形容詞「全画面の」
▶ You will enjoy the movie more if you switch to a **full-screen** mode.
（全画面モードに切り替えたほうが映画をもっと楽しめますよ）

□ **full-speed** 〔**full**（完全な）+ **speed**（スピード）〕
形容詞「全速力の」
※アメリカでは top/utmost speed が普通。

□ **full-grown** 〔**full**（十分に）+ **grown**（成長した）〕
形容詞「完全に成長した」「十分成長した」
▶ Three years after planting seeds, they became **full-grown** trees.
（種を蒔いて 3 年後に、それらは完全に成長した木になりました）

fuse, fus, fusi 〔注ぐ、溶かす、流れ出る〕

□ **confuse** 〔**con**（一緒に）+ **fuse**（注ぐ）〕
動詞 「困惑させる」「混乱させる」「混同する」
▶ Don't **confuse** me.
（私を困惑させないでください）

□ **confusing** 〔**con**（一緒に）+ **fus**（注ぐ）+ **ing**〕
形容詞「当惑させる」「混乱させる」
▶ Your reasoning is very **confusing**.
（あなたの推論にはとても混乱させられます）

□ **confusion** 〔**con**（一緒に）+ **fus**（溶かす）+ **ion**（名詞語尾）〕
名詞 「混乱」「混同」

□ **diffuse** 〔**dif**（離れる）+ **fuse**（流れ出る）〕
動詞 「広める」「拡散する」「普及する」

□ **fuse** 〔**fuse**（溶かす）〕
名詞 「ヒューズ」〔電気〕
動詞 「溶かす」「溶解する」

□ **fusible**　〔fusi（溶かす）＋ ble（可能な）〕
　　形容詞「溶けやすい」「溶解可能な」

□ **fusibility**　〔fusi（溶かす）＋ bility（できる状態）〕
　　名詞　「可溶性」

□ **fusion**　〔fus（溶かす）＋ ion（名詞語尾）〕
　　名詞　「融解」「融合」
　　　▶ the fusion of metals（金属の溶解）
　　　▶ the point of fusion（融点）
　　　▶ fusion bomb（核融合爆弾）
　　　▶ fusion reaction（核融合反応）
　　　▶ fusion reactor（核融合炉）
　　　▶ The film showed a perfect fusion of image and sound.
　　　（その映画は映像と音の完璧な融合を示していた）

□ **infuse**　〔in（中に）＋ fuse（注ぐ）〕
　　動詞　「吹き込む」「注入する」

□ **infusion**　〔in（中に）＋ fus（注ぐ）＋ ion（名詞語尾）〕
　　名詞　「注入すること」「吹き込み」

□ **profuse**　〔pro（前に）＋ fuse（流れ出る）〕
　　形容詞「豊富な」「たっぷりな」

□ **refuse**　〔re（戻す）＋ fuse（注ぐ）〕
　　動詞　「拒否する」「拒む」「断る」
　　　▶ Some of the vendors refused to comply with our discount requests.
　　　（ある業者は我々の値引き要求を拒否した）

□ **refusal**　〔re（戻す）＋ fus（注ぐ）＋ al（語尾）〕
　　名詞　「拒絶」「拒否」

□ **suffuse**　〔suf（十分に）＋ fuse（注ぐ）〕
　　動詞　「満たす」

F

□ **amplify**
〔ampli（十分な）+ fy（〜にする）〕
動詞 「増幅する」「拡大する」「詳述する」
▶ Hearing aids amplify sounds.
（補聴器は音を増幅させる）

□ **beautify**
〔beauti（美）+ fy（〜にする）〕
動詞 「美化する」

□ **clarify**
〔clari（明るい）+ fy（〜にする）〕
動詞 「はっきりさせる」「明確にする」
▶ You had better clarify your point.
（あなたは自分の主張をはっきりさせたほうがよい）

□ **deify**
〔dei（神）+ fy（〜にする）〕
動詞 「神格化する」

□ **falsify**
〔fals（e）（間違った）+ fy（〜にする）〕
動詞 「偽る」「変造する」「偽造する」

□ **horrify**
〔horri（恐怖）+ fy（〜にさせる）〕
動詞 「怖がらせる」
▶ I was horrified at the news.
（私はその知らせにぞっとした）

□ **modify**
〔mod（尺度）+ fy（〜にする）〕
動詞 「変更する」「修正する」
▶ We have to modify the current renovation plans.
（我々は現在の建築計画を変更しなければならない）

□ **mystify**
〔mystic（神秘的な）+ fy（〜にする）〕
動詞 「神格化する」

□ **petrify**
〔petri（石化する）+ fy（〜にする）〕
動詞 「立ちすくませる」

□ **purify**
〔pur（e）（純粋な）+ fy（〜にする）〕
動詞 「清める」「浄化する」「きれいにする」

□ **satisfy**　〔**satis**（十分な）+ **fy**（～にする）〕
動詞　「満足させる」「満たす」
▶ Are you **satisfied**?（満足していますか？）

□ **simplify**　〔**simpli**（単純な）+ **fy**（～にする）〕
動詞　「単純にする」「単純化する」
▶ Current job procedures should be **simplified**.
（現行の仕事手順は単純化されなければならない）

F

gen(er) 〔生む、生まれる、作り出す、貴族生まれの〕、
geni 〔才能〕、 **gene** 〔遺伝子〕

□ **engender** 〔en（に向けて）+ gen（作り出す）+ der〕
動詞 「起こす」「生み出す」

□ **general** 〔gener（作り出す）+ al（〜な）〕
形容詞「一般的な」「全般的な」
▶ This is a general opinion.
（これは一般的な意見です）
名詞 「概要」「大将」「将軍」
▶ He is a five-star general.
（彼は5ッ星の将軍です）

□ **generate** 〔gener（生む）+ ate（する）〕
動詞 「生む」「引き起こす」「発生させる」

□ **generation** 〔gener（生む）+ ation（名詞語尾）〕
名詞 「世代」「同世代の人」「発生」

□ **generous** 〔gener（生む）+ ous（形容詞語尾）〕
形容詞「気前が良い」「寛大な」「豊富な」
※「貴族の生まれ」が本来の意味。
▶ Staff love their manager, because he is very generous.
（スタッフたちは上司が好きです。なぜなら、とても気前がいいので）

□ **genesis** 〔gen（生まれる）+ esis（名詞語尾）〕
名詞 「起源」「創世記」

□ **genius** 〔genius（生まれつきの才能）〕
名詞 「天才」「才能」「才人」
※「生まれつきその人についている霊」が原義。
▶ He was once called an infant genius.
（彼はかつて神童と呼ばれた）

□ **genocide** 〔genos（民族 ※ギリシャ語）+ cide（切る）〕
名詞 「集団大虐殺」

□ **genocidal** 〔genocid(e)（集団大虐殺）+ al（の）〕
形容詞「集団大虐殺の」
▶ genocidal violence（集団大虐殺の暴力）

□ **genome** 〔gene（遺伝子）+ ome（総体）〕
名詞 「ゲノム」

□ **genteel** 〔gentil（良い家柄の）に由来〕
形容詞「生まれの良い」「育ちの良い」「上品な」

□ **gentle** 〔gentil（良い家柄の）に由来〕
形容詞「温和な」「優しい」「寛大な」

G

□ **genuine** 〔genu（真実の）+ ine（の性質の）〕
形容詞「真実の」「本物の」
▶ This is a **genuine** Picasso painting.
（これは本物のピカソ作品だ）

□ **hydrogen** 〔hydro（水の）+ gen（生み出す）〕
名詞 「水素」

□ **nitrogen** 〔nitro（ニトロ）+ gen（生み出す）〕
名詞 「窒素」

□ **oxygen** 〔oxy（酸）+ gen（生み出す）〕
名詞 「酸素」

□ **photogenic** 〔photo（光に関する）+ genic（向いている）〕
形容詞「写りが良い」「光を生じる」「発光する」

geo 〔地球、地理、地質、土地、地〕

□ **geocentric** 〔geo（地球）+ centric（中心の）〕
形容詞「地球中心の」

□ **geochemical** 〔geo（地球）+ chemical（化学の）〕
形容詞「地球化学の」

□ **geochemically** 〔geo（地球）+ chemically（化学的に）〕
副詞 「地球化学的に」

☐ **geochemistry** 〔geo（地球）+ chemistry（化学）〕
名詞 「地球化学」

☐ **geochronologist** 〔geo（地質）+ chronologist（年代学者）〕
名詞 「地質年代学者」

☐ **geology** 〔geo（地質）+ logy（学問）〕
名詞 「地質学」
▶ economic geology（経済地質学）
※地下資源の産業利用を扱う地質学。

☐ **geometry** 〔geo（土地）+ metry（測定術）〕
名詞 「幾何学」「配列」「形状」
▶ Some people find geometry hard to understand.
（人によっては、幾何学は理解しにくい）

☐ **geomorphology** 〔geo（土地）+ morphology（形態学）〕
名詞 「地形学」

☐ **geothermal** 〔geo（地）+ thermal（熱の）〕
形容詞 「地熱の」
▶ geothermal power（地熱発電電力）
▶ geothermal power plant（地熱発電所）
▶ Geothermal power should be further utilized.
（地熱発電電力は更に利用されるべきだ）

☐ **geothermally** 〔geo（地）+ thermal（熱の）+ ly（副詞語尾）〕
副詞 「地熱に」

grad, grade 〔段階、学位、単位、歩く〕

☐ **degrade** 〔de（下に）+ grade（段階）〕
動詞 「降格させる」「低下させる」「評判を落とす」
▶ The vice president was degraded to the director because of the scandal.
（副社長はその不始末のおかげで取締役に降格させられた）

□ **grade**　〔grade（段階）〕
名詞　「学年」「等級」「評価」
- ▶ a good grade（良い評価）
- ▶ a bad grade（悪い評価）
- ▶ college grades（大学レベル）
- ▶ She is teaching sixth grade elementary students.
  （彼女は小学6年生を教えている）

□ **gradient**　〔grad（歩く）+ ient（人）〕
名詞　「勾配」「傾斜」

□ **graduate**　〔grade（単位、学位）+ uate（有する）〕
動詞　「卒業する」
- ▶ He graduated from Oxford last year.
  （彼は昨年オックスフォード大学を卒業した）

名詞　「卒業生」
- ▶ Her father is a Harvard graduate.
  （彼の父親はハーバード大の卒業生だ）

□ **gradual**　〔grad（段階）+ al（〜な）〕
形容詞「だんだんの」「漸次の」
- ▶ The patient's recovery was gradual but steady.
  （その患者の回復は、徐々にではあるが着実だった）

□ **retrograde**　〔retro（レトロの、骨董の）+ grade（歩く〕
動詞　「後退する」「逆行する」「退化する」

gram 〔書いたもの、文字、軽いもの〕

□ **cablegram**　〔cable（ケーブル）+ gram（書いたもの）〕
名詞　「海底電信」

□ **diagram**　〔dia（線で記された）+ gram（書いたもの）〕
名詞　「図形」「一覧図」「略図」「図表」
- ▶ Figure 3 shows schematic diagrams of the entire building.
  （第3図は建物全体の設計図を示している）

□ **epigram**　〔epi（銘刻）+ gram（書いたもの）〕
名詞　「警句」

□ **gram**

〔gram（グラム）〕
名詞 「グラム」
▶ This letter weighs five grams.
（この手紙は 5 グラムの重さです）

□ **grammar**

〔gram（書いたもの）+ mar〕
名詞 「文法」
※文字や文学に関するものの意味から。
▶ English grammar（英文法）

□ **program**

〔pro（前に）+ gram（書かれたもの）〕
名詞 「プログラム」
▶ The entire program is printed in this handout.
（全プログラムはこのプリントに印刷されています）

□ **telegram**

〔tele（遠くの）+ gram（書かれたもの）〕
名詞 「電報」「電信」
▶ radio telegram（無線電報）
▶ You should fill out this telegram blank.
（この電報用紙に必要事項を埋めてください）

graph, graphy 〔書くこと、記述したもの〕

□ **autobiography**

〔auto（自身の）+ bio（人生）+ graphy（記述したもの）〕
名詞 「自叙伝」

□ **autograph**

〔auto（自身の）+ graph（書くこと）〕
名詞 「サイン」「署名」「自筆」
▶ I got an autograph of the famous professional golfer.
（私は有名なプロゴルファーのサインをもらった）
動詞 「署名する」「自筆で書く」
▶ This is an autographed copy.
（これは（作者の）署名入りの本です）

□ **calligraphy**

〔calli（美しい）+ graph（書いたもの）〕
名詞 「書道」「カリグラフィー」

□ **geography**

〔geo（地理）+ graph（記述したもの）〕
名詞 「地理学」「地形」

□ **graph** 〔graph（書いたもの）〕
名詞 「グラフ」
- ▶ graph paper（方眼紙）
- ▶ a bar graph（棒グラフ）
- ▶ a line graph（線グラフ）
- ▶ This bar graph shows the population of major cities in the country.
  （この棒グラフはその国の主な都市の人口を表している）

□ **oscillograph** 〔oscillo（オシロ）+ graph（書いたもの）〕
名詞 「オシログラフ」「振動記録器」

□ **photograph** 〔photo（光に関する）+ graph（記録したもの）〕
名詞 「写真」
動詞 「写真に撮る」

□ **photographer** 〔photograph（写真に撮る）+ er（人）〕
名詞 「写真家」
※cameraman は「動画のカメラマン」を意味する。

□ **photographic** 〔photograph（写真）+ ic（の）〕
形容詞「写真の」

□ **photography** 〔photograph（写真）+ y（名詞化）〕
名詞 「写真（撮影）術」

□ **stenographer** 〔steno（細い）+ graph（書くこと）+ er（人）〕
名詞 「速記者」
- ▶ She is an excellent stenographer.
  （彼女は優秀な速記者だ）

□ **stenography** 〔steno（細い）+ graph（書くこと）+ y（名詞化）〕
名詞 「速記（術）」

□ **telegraph** 〔tele（遠く）+ graph（書くこと）〕
名詞 「電信」「電報」

G

gress 〔進む、歩く〕

□ **aggressive** 〔ag（〜のほうへ）+ gress（進む）+ ive（〜な）〕
　　　　　　　形容詞「攻撃的な」「積極的な」
　　　　　　　▶ He's an aggressive salesman.
　　　　　　　（彼は積極的な営業マンです）

□ **aggression** 〔ag（〜のほうへ）+ gress（進む）+ ion（名詞語尾）〕
　　　　　　　名詞　「攻撃性」「侵略」

□ **congress** 〔con（一緒に）+ gress（進む）〕
　　　　　　　名詞　「会議」「団体」

□ **digress** 〔di（横に）+ gress（進む）〕
　　　　　　　動詞　「本題からそれる」「脱線する」

□ **progress** 〔pro（前に）+ gress（進む）〕
　　　　　　　名詞　「前進」
　　　　　　　▶ They didn't make any progress of the project.
　　　　　　　（彼らはプロジェクトを全く前進させていなかった）

□ **progressive** 〔pro（前に）+ gress（進む）+ ive（〜な）〕
　　　　　　　形容詞「進歩的な」

□ **regress** 〔re（後ろに）+ gress（進む）〕
　　　　　　　動詞　「後戻りする」「逆行する」「復帰する」
　　　　　　　▶ We seemed to be regressing instead of moving forward.
　　　　　　　（私たちは前進する代わりに後戻りしているように感じた）

□ **regression** 〔re（後ろに）+ gress（進む）+ ion（名詞語尾）〕
　　　　　　　名詞　「後戻り」「退行」
　　　　　　　▶ Our country has been experiencing the economic regression for the last ten years.
　　　　　　　（我が国はこの10年間、景気後退を経験している）

grat, gree 〔喜び、喜ぶ〕

☐ **gratify**　〔grat（喜び）+ ify（〜する）〕
　　　　　　　動詞　「喜ばせる」

☐ **grateful**　〔grat（喜び）+ ful（〜に満ちた）〕
　　　　　　　形容詞「感謝している」

☐ **congratulate**　〔con（一緒に）+ grat（喜び）+ ulate（〜する）〕
　　　　　　　動詞　「祝う」

☐ **congratulation**　〔con（一緒に）+ grat（喜び）+ ulation（名詞語尾）〕
　　　　　　　名詞「祝辞」「おめでとう」

☐ **agree**　〔a（〜のほうへ）+ gree（喜ぶ）→喜んで受ける〕
　　　　　　　動詞　「同意する」「意見が一致する」

☐ **agreement**　〔agree（同意する）+ ment（名詞語尾）〕
　　　　　　　名詞　「合意」「協定」「意見の一致」

☐ **disagree**　〔dis（〜ない）+ agree（同意する）〕
　　　　　　　動詞　「同意しない」「意見が合わない」

☐ **disagreement**　〔dis（〜ない）+ agree（同意する）+ ment（名詞語尾）〕
　　　　　　　名詞　「不賛成」「意見の相違」

G

119

hap 〔偶然、運、幸運〕

□ **haphazard** 〔hap（偶然）+ hazard（運）〕
形容詞「行き当たりばったりの」「偶然の」
名詞 「偶発」「偶然」

□ **hapless** 〔hap（運）+ less（ない）〕
形容詞「不運な」

□ **happen** 〔hap（偶然）+ en（〜なる）〕
動詞 「起こる」

□ **happy** 〔hap（幸運）+ y（の特徴を持った）〕
形容詞「幸福な」「幸せな」

▶ The couple lived a long happy life together.
（そのカップルは長く幸せな人生を一緒に過ごした）

□ **mishap** 〔mis（誤った）+ hap（運）〕
名詞 「災難」「不幸」「不運な出来事」

□ **perhaps** 〔per（〜で）+ haps（偶然）〕
副詞 「もしかすると」「おそらく」

▶ Perhaps it's time to think about your future.
（おそらく、あなたの将来について考える時でしょう）

※perhaps は maybe よりも正式な意味を持つ。

例 Maybe it's better to forget about this mistake.
（おそらく、このミスは忘れたほうがいいでしょう）

homo 〔同じ〕

□ **homo** 〔homo（同じ）〕
名詞 「同性愛者」
形容詞「同性愛者の」

□ **homocentric** 〔homo（同じ）+ centric（中心の）〕
形容詞「同心の」「中心の同じ」

□ **homoerotic** 〔homo（同じ）+ erotic（性愛の）〕
形容詞「同性愛の」

□ **homoeroticism** 〔homo（同じ）+ eroticism（性欲）〕
名詞　「同性愛」

□ **homo sapiens** 〔homo（同じ）+ sapiens（現人類の）〕
名詞　「人類」「ホモサピエンス」

□ **homosexual** 〔homo（同じ）+ sexual（性の）〕
名詞　「同性愛者」「ホモセクシュアルの人」
形容詞「同性愛の」「ホモセクシュアルの」

H

□ **homogenize** 〔homo（同じ）+ gen（生む）+ ize（する）〕
動詞　「同質にする」「均質にする」
▶ homogenized milk（均質牛乳、ホモ牛乳）

□ **homogamous** 〔homo（同じ）+ gamous（結婚）〕
形容詞「同類交配の」「同性花の」

□ **homogeneity** 〔homo（同じ）+ gene（種族）+ ity（名詞語尾）〕
名詞　「同類」「同質」

□ **homogeneous** 〔homo（同じ）+ gene（種族）+ ous（形容詞語尾）〕
形容詞「同類のものから成る」

□ **homograph** 〔homo（同じ）+ graph（書くこと）〕
名詞　「同形異義語」
※綴りが同じで、意義や語源が違う語のこと。
例 bass（スズキ、バス歌手）、fair（市、美しい）
lead（導く、鉛）、seal（あざらし、印）

□ **homonym** 〔homo（同じ）+ nym（言葉）〕
名詞　「同音異義語」
※発音または綴りが同じで、意味が違う語のこと。
例 pail（桶）と pale（杭）、
their（彼らの）と there（そこ）

hos, host 〔もてなす、もてなす人、主人〕、 hospit 〔もてなす〕

□ **host**
〔host（もてなす人）〕
名詞 「司会」「主人」
▶ He was the host of the sales convention.
（彼は営業総会の司会だった）

□ **hospice**
〔hos（もてなす）+ pice〕
名詞 「休息所」「ホスピス」

□ **hospitable**
〔hospit（もてなす）+ able（なれる）〕
形容詞「もてなしの良い」

□ **hospital**
〔hospit（もてなす）+ al（に関するもの）〕
名詞 「病院」

□ **hospitality**
〔hospit（もてなす）+ ality（こと）〕
名詞 「もてなし」
▶ Japanese for hospitality, omotenashi became famous.
（hospitality にあたる日本語のおもてなしは有名になった）

□ **hostage**
〔host（主人）+ age（地位、状態）〕
名詞 「人質」「担保」
▶ Terrorists took the hotel guests hostage.
（テロリストたちはホテルの宿泊客を人質にとった）

□ **hostile**
〔host（知らない人）+ ile（性質を持った）〕
形容詞「敵意のある」「敵意を持つ」
▶ I wonder why she gives me a hostile look.
（彼女がなぜ敵意を持って私を見つめるのか、わからない）

□ **hostility**
〔host（知らない人）+ ility（名詞語尾）〕
名詞 「敵意」

□ **hotel**

〔**hotel**（もてなす）〕
※ hostel と hospital を合わせたところから。
名詞 「ホテル」

▶ The Americans stayed at Japanese-style hotel, ryokan in Hakone.
（そのアメリカ人たちは箱根で、旅館と呼ばれる日本式のホテルに泊まった）

hemi 〔半分〕

□ **hemicycle**

〔**hemi**（半分）+ **cycle**（円）〕
名詞 「半円」

□ **hemisphere**

〔**hemi**（半分）+ **sphere**（球）〕
名詞 「半球」「領域」

hexa 〔6〕

□ **hexadecimal**

〔**hexa**（6）+ **decimal**（10 進法の）〕
名詞 「16 進法」

□ **hexagon**

〔**hexa**（6）+ **gon**（角形）〕
名詞 「六角形」

□ **hexagram**

〔**hexa**（6）+ **gram**（書いたもの）〕
名詞 「六角の星形」

□ **hexahedron**

〔**hexa**（6）+ **hedron**（面体）〕
名詞 「六面体」

I

il 〔不、非、無〕

□ **illegal** 〔il（不）+ legal（法律の）〕
形容詞「違法の」「不法の」
  ▶ It's illegal to smoke marijuana in Japan.
  （大麻を吸うのは日本では違法である）

□ **illegible** 〔il（不）+ legible（判読可能な）〕
形容詞「読みにくい」「判読できない」

□ **illegitimate** 〔il（非）+ legitimate（合法の）〕
形容詞「非合法の」「不法の」

□ **illiterate** 〔il（非）+ literate（読み書きができる）〕
形容詞「読み書きができない」「教養のない」
  ▶ A quarter of the village people are illiterate.
  （その村の 4 分の 1 の住民は読み書きができない）

□ **illogical** 〔il（不）+ logical（合理的な）〕
形容詞「不合理な」「非論理的な」

im 〔不、非、未、無〕

□ **imbalance** 〔im（不）+ balance（バランス）〕
名詞 「アンバランス」「不安定」
  ※unbalance も同じ意味。

□ **immature** 〔im（未）+ mature（成熟した）〕
形容詞「未熟な」「子供じみた」

□ **immemorial** 〔im（非）+ memorial（記念の）〕
形容詞「記憶にないほど昔の」「遠い昔の」
  ▶ from time immemorial
  （大昔から、太古の昔から）
  ▶ This festival has been handed down from time
  immemorial.
  （この祭りは太古の昔から受け継がれている）

□ **immobile** 〔im（不）+ mobile（可動の）〕
形容詞「動かせない」「不動の」

□ **immoderate** 〔im（不）+ moderate（適度な）〕
形容詞「節度のない」「節度を欠いた」

□ **immodest** 〔im（不）+ modest（謙虚な）〕
形容詞「ぶしつけな」「慎みのない」

□ **immoral** 〔im（不）+ moral（モラル）〕
形容詞「不道徳な」「道義に反する」
▶ Managers are not supposed to take immoral conduct.
（管理者たる者は不道徳行為をしてはいけない）

□ **immortal** 〔im（不）+ mortal（死ぬもの）〕
形容詞「不死の」
▶ Nobody is immortal.（死なない人はいない）

□ **immune** 〔im（不）+ mune（サービスに提供できる）〕
形容詞「免疫になった」「免除された」
▶ immune system（免疫システム）
▶ be immune to smallpox（天然痘に免疫のある）

□ **impalpable** 〔im（不）+ palpable（触れる）〕
形容詞「感知できない」

□ **impart** 〔im（非）+ part（部分）〕
動詞「伝える」「開示する」「授ける」

□ **impartial** 〔im（不）+ partial（部分的な）〕
形容詞「公平な」「偏らない」
▶ The judicial system should be impartial.
（司法制度は公平でなければならない）

□ **imperishable** 〔im（不）+ perish（消滅する）+ able（可能な）〕
形容詞「不滅の」「不死の」

□ **impossible** 〔im（不）+ possible（可能な）〕
形容詞「不可能な」
▶ on impossible job（不可能な仕事で）
▶ next to impossible（ほとんど不可能な）
▶ What you are saying is impossible to achieve.
（あなたが言っていることを成し遂げるのは不可能だ）

□ **improper** 〔im（不）+ proper（適切な）〕
形容詞「不適切な」「不作法な」

in 〔不、非、未、無〕

□ **inability** 〔in（無）+ ability（能力）〕
名詞 「無力」「不能」

□ **incapable** 〔in（無）+ capable（能力がある）〕
形容詞「能力がない」「できない」

▶ I'm sorry, but I'm **incapable** of understanding what you're saying.
（申し訳ありませんが、あなたの言っていることを理解できません）

□ **inaccessible** 〔in（未）+ accessible（到達できる）〕
形容詞「近づきにくい」「手の届かない」

□ **inaccuracy** 〔in（不）+ accurate（正確な）+ acy（名詞語尾）〕
名詞 「不正確」「不精密」

□ **inaccurate** 〔in（不）+ accurate（正確な）〕
形容詞「不正確な」「間違った」

▶ This survey report concludes with an **inaccurate** recommendation.
（この調査報告書は、間違った提案を結論にしている）

□ **inaccurately** 〔in（不）+ accurately（正確に）〕
副詞 「不正確に」

□ **inactive** 〔in（非）+ active（活動的な）〕
形容詞「活動的でない」「不活発な」

▶ Our grandparents are getting **inactive** lately.
（私の祖父母は最近、活動的でなくなってきている）

□ **inappropriate** 〔in（不）+ appropriate（適切）〕
形容詞「不適切な」

□ **inapt** 〔in（不）+ apt（適切な）〕
形容詞「下手な」「不適当な」

□ **incomplete** 〔**in**（不）+ **complete**（完全な）〕
形容詞「不完全な」
  ▶ This report is still **incomplete**.
   （この報告書はまだ完全ではない）

□ **inconceivable** 〔**in**（無）+ **conceivable**（考えられる）〕
形容詞「思いもよらない」「考えられない」

□ **inconclusive** 〔**in**（非）+ **conclusive**（決定的な）〕
形容詞「決定的でない」「結論に達しない」

□ **inconsistent** 〔**in**（無）+ **consistent**（一貫性のある）〕
形容詞「一貫性のない」「気まぐれな」
  ▶ He is **inconsistent** in his opinions.
   （彼は自分の意見に一貫性がない）

□ **inconspicuous** 〔**in**（非）+ **conspicuous**（目立つ）〕
形容詞「目立たない」「注意を引かない」

□ **inconvenient** 〔**in**（不）+ **convenient**（都合がいい）〕
形容詞「不便な」「都合の悪い」
  ▶ Unfortunately, I'm **inconvenient** tomorrow.
   （残念ながら、明日は都合が悪いです）

□ **inconvertible** 〔**in**（非）+ **convertible**（変換できる）〕
形容詞「引き替えられない」「兌換できない」

□ **inconvincible** 〔**in**（非）+ **convincible**（説得できる）〕
形容詞「納得させることができない」

□ **incorrect** 〔**in**（不）+ **correct**（正確な）〕
形容詞「間違った」「不正確な」
  ▶ What you have been saying about this subject
   is totally **incorrect**.
   （この件についてあなたがずっと言っていることは
   全く間違っている）

□ **indecent** 〔**in**（不）+ **decent**（適切な）〕
形容詞「下品な」「不適当な」
  ▶ **indecent** magazines（下品な雑誌）

□ **indefinite** 〔**in**（不）+ **definite**（確定した）〕
形容詞「不明確な」「決められていない」

□ **independent** 〔in（無）+ dependent（依存性の）〕
　　　　　　　　形容詞「頼らない」「独立の」

□ **indifferent** 〔in（不）+ different（区別された）〕
　　　　　　　　形容詞「無関心な」「興味を持たない」
　　　　　　　　▶ She is indifferent to her clothing.
　　　　　　　　（彼女は着るものに無頓着だ）

□ **indirect** 〔in（非）+ direct（直接の）〕
　　　　　　　　形容詞「間接の」
　　　　　　　　▶ indirect object（間接目的語）
　　　　　　　　※direct object（直接目的語）

□ **ineligible** 〔in（不）+ eligible（適格な）〕
　　　　　　　　形容詞「不適格な」「無資格の」

□ **inept** 〔in（不）+ ept（有能な）〕
　　　　　　　　形容詞「不器用な」「能力に欠ける」

□ **inexpensive** 〔in（非）+ expensive（高い）〕
　　　　　　　　形容詞「安い」
　　　　　　　　※ビジネス英語では cheap は品質の良くない意味を
　　　　　　　　　含むので、inexpensive を使う。
　　　　　　　　▶ This plastic watch is inexpensive, but very
　　　　　　　　　accurate.
　　　　　　　　（このプラスチック製の時計は、値段は安いけれど、
　　　　　　　　　とても正確だ）

□ **inexperienced** 〔in（未）+ experienced（経験豊富な）〕
　　　　　　　　形容詞「経験の浅い」「不慣れな」

□ **infamous** 〔in（非）+ famous（名高い）〕
　　　　　　　　形容詞「悪名高い」「評判が悪い」
　　　　　　　　▶ You'd better watch out for him because he's
　　　　　　　　　very infamous.
　　　　　　　　（彼には気をつけたほうがいいですよ、とても評判
　　　　　　　　　が悪いので）

□ **infertile** 〔in（無）+ fertile（肥沃な）〕
　　　　　　　　形容詞「生殖力のない」「豊かでない」

□ **insane**　〔in（無）+ sane（正気の）〕
形容詞「狂気の」「正気ではない」
▶ Some countries make an **insane** decision in going to war.
（国によっては、戦争に行くという狂気の結論を出す）

□ **insecure**　〔in（不）+ secure（安全な）〕
形容詞「不確かな」「不安定な」

□ **insensitive**　〔in（無）+ sensitive（感覚がある）〕
形容詞「鈍感な」「感受性のない」
▶ **Insensitive** people usually have few friends.
（感受性のない人たちは一般的に友達が少ない）

□ **inseparable**　〔in（不）+ separable（分離可能な）〕
形容詞「分離できない」

□ **insincere**　〔in（不）+ sincere（誠実な）〕
形容詞「誠意のない」「不誠実な」

in 〔中に〕

□ **inborn**　〔in（中に）+ born（生まれながらの）〕
形容詞「生まれつきの」「持って生まれた」

□ **incident**　〔in（中に）+ cide（落ちる）+ ent（名詞語尾）〕
名詞　「出来事」「紛争」
▶ a border **incident**（国境紛争）
▶ an international **incident**（国際紛争）

□ **induce**　〔in（中に）+ duce（導く）〕
動詞　「生じる」「引き起こす」

□ **influx**　〔in（中に）+ flux（流れ）〕
名詞　「流入」

I

□ **inclined**　〔in（中に）+ clined（曲がる）〕
形容詞「〜する傾向がある」「〜したいと思う」
　　　　　※名詞の前に置くことはできない。「be inclined to +
　　　　　　動詞」の形で使われることが多い。
　　　▶ He's **inclined** to brag about his
　　　　accomplishments.
　　　　（彼は自分の業績を自慢する傾向がある）
　　　▶ I'm **inclined** to leave early if that's OK with
　　　　you.
　　　　（あなたが OK であれば、私は早めに去りたいので
　　　　すが）

□ **income**　〔in（中に）+ come（来る）〕
名詞　「収入」
　　　▶ taxable **income**（課税収入）
　　　▶ He earns a good **income**.
　　　　（彼は良い収入を得ている）

□ **increase**　〔in（中に）+ crease（増える）〕
名詞　「増加」
　　　▶ a tax **increase**（税金の増加）
動詞　「増加する」「増える」「増やす」
　　　▶ Sales **increased** last year.
　　　　（売上が去年増加した）

□ **indicate**　〔in（中に）+ dicate（宣言する）〕
動詞　「示す」「指し示す」
　　　▶ Studies **indicate** that this medicine could
　　　　cause cancer.
　　　　（調査結果が、この薬がガンを起こす可能性がある
　　　　ことを示している）

□ **indication**　〔in（中に）+ dica（宣言）+ tion（名詞語尾）〕
名詞　「兆し」「兆候」
　　　▶ There is some **indication** that the economy is
　　　　recovering.
　　　　（景気が回復しているという、いくらかの兆候があ
　　　　る）

130

□ **information** 〔**in**（中に）+ **form**（形作る）+ **ation**（名詞語尾）〕

名詞 「情報」

▶ This brochure will provide you with a lot of **information**.
（このパンフレットはたくさんの情報を与えてくれる）

▶ The conference will give us an opportunity to exchange **information** with other participants.
（この会議は他の参加者との間での情報交換の機会を与えてくれる）

□ **inhabit** 〔**in**（中に）+ **habit**（住む）〕

動詞 「住む」

▶ The island is no longer **inhabited**.
（その島には、もはや住んでいる人はいない）

▶ Close to 1,000 species of birds **inhabit** this small Central American country.
（1,000 種類近くの野鳥がこの小さな中央アメリカの国に生息している）

□ **inquire** 〔**in**（中に）+ **quire**（尋ねる）〕

動詞 「尋ねる」

▶ I'm calling to **inquire** about the meeting schedule.
（会議日程を尋ねるためにお電話しております）

□ **inquiry** 〔**in**（中に）+ **quiry**（尋ねる）〕

名詞 「質問」「問い合わせ」「調査」

▶ The president refused to answer **inquiries** from the media about his decision.
（大統領は自分の決断に関するメディアからの質問に答えることを拒んだ）

□ **institute** 〔**in**（中に）+ **stitute**（作る）〕

名詞 「研究所」「協会」「学会」

▶ a research **institute**（調査機関）

動詞 「制定する」「設定する」

▶ The government must **institute** new policies to increase public safety.
（政府は国民の安全性を高めるための新政策を設定しなければならない）

131

□ **instruct**　〔in（中に）+ struct（作る）〕

動詞　「指示する」「指導する」

▶ Many doctors are **instructing** their patients on the importance of exercise.
（多くの医者たちは患者たちに運動の重要性を指導している）

□ **instrument**　〔in（中に）+ stru（作る）+ ment（名詞語尾）〕

名詞　「器具」「道具」「楽器」

▶ Do you play any musical **instrument**?
（何か楽器を演奏されますか？）

□ **intend**　〔in（中に）+ tend（十分に伸びる）〕

動詞　「～するつもり」

▶ He **intended** to leave the business to his son.
（彼は自分のビジネスを息子に継がせるつもりでいた）

□ **invade**　〔in（中に）+ vade（行く）〕

動詞　「侵略する」「押し寄せる」

▶ Many tourists **invaded** the ancient city.
（多くの観光客がその古都に押し寄せた）

□ **investigate**　〔in（中に）+ vestigate（痕跡）〕

動詞　「調査する」

▶ The hotel manager promised to **investigate** when we pointed out an error on our bill.
（ホテルのマネージャーは、我々が請求書のミスを指摘すると、調査することを約束してくれた）

□ **involve**　〔in（中に）+ volve（表に入れる）〕

動詞　「巻き込む」「関与させる」

▶ The traffic accident **involved** three cars and one truck.
（その交通事故には、3台の乗用車と1台のトラックが巻き込まれた）

□ **interaction** 〔inter（相互の）+ action（作用）〕
名詞 「相互作用」

□ **interagency** 〔inter（間の）+ agency（機関）〕
形容詞「省庁間の」

□ **inter-American** 〔inter（間の）+ American（アメリカ大陸の）〕
形容詞「アメリカ大陸間の」

□ **interbank** 〔inter（間の）+ bank（銀行）〕
形容詞「銀行間の」
▶ an interbank transaction（銀行間取引）

□ **interblend** 〔inter（相互に）+ blend（混合する）〕
動詞 「混合する」「混ざり合う」

□ **interbreed** 〔inter（相互に）+ breed（交配させる）〕
動詞 「異種交配させる」

□ **intercept** 〔inter（途中で）+ cept（捕らえる）〕
動詞 「傍受する」「途中で捕らえる」
▶ Intelligence agencies have been intercepting
all the communications for the past six months.
（諜報機関はこの6ヶ月間の全ての通信を傍受して
いた）

□ **interception** 〔inter（途中で）+ ception（捕らえること）〕
名詞 「傍受」

□ **interceptor** 〔inter（途中で）+ ceptor（受容体）〕
名詞 「途中で奪う人」「迎撃機」

□ **intercession** 〔inter（間に）+ cess（行く）+ ion（名詞語尾）〕
名詞 「仲裁」「調停」

□ **interchange** 〔inter（相互に）+ change（交換する）〕
動詞 「入れ替える」「やり取りする」
名詞 「インターチェンジ」〔高速道路〕

□ **interchangeable** 〔inter（相互に）+ change（交換する）+ able（できる）〕
形容詞「取り替えられる」「交換できる」

□ **intercity** 〔inter（間の）+ city（都市）〕
形容詞「都市間の」

□ **intercoastal** 〔inter（間の）+ coastal（沿岸の）〕
形容詞「沿岸地方間を結ぶ」

□ **intercolonial** 〔inter（間の）+ colonial（植民地の）〕
形容詞「植民地間の」

□ **intercollege/** 〔inter（間の）+ college（大学）〕
intercollegiate 品詞 「大学間の」
▶ This year's **intercollege** sports competition
will start next week.
（今年のインカレのスポーツ大会は来週スタートす
る）

□ **intercommunal** 〔inter（間の）+ communal（共有の）〕
形容詞「コミュニティー間の」

□ **intercommunicate** 〔inter（相互に）+ communicate（連絡する）〕
動詞 「連絡し合う」

□ **intercommunication** 〔inter（相互に）+ communication（連絡）〕
名詞 「相互の連絡」

□ **intercompany** 〔inter（間の）+ company（会社）〕
形容詞「会社間の」
※同じ会社内では intracompany と言う。

□ **interconnect** 〔inter（相互に）+ connect（連絡する）〕
動詞 「相互に連絡させる」

□ **interconnected** 〔inter（相互に）+ connected（結び付いた）〕
形容詞「相互接続した」

□ **intercontinental** 〔inter（間の）+ continental（大陸の）〕
形容詞「大陸間の」
▶ **intercontinental** ballistic missile, ICBM
（大陸間の弾道ミサイル、ICBM）

□ **interactive** 〔inter（相互に）+ active（活動的な）〕
形容詞「相互に作用する」
▶ an **interactive** terminal（対話式の端末）

☐ **intercorrelation** 〔inter（間の）+ correlation（相互関係）〕
名詞 「相関関係」

☐ **intercourse** 〔inter（相互に）+ course（方向）〕
名詞 「交流」

☐ **intercultural** 〔inter（間の）+ cultural（文化の）〕
形容詞「異文化間の」

☐ **interdepartmental** 〔inter（間の）+ departmental（部門の）〕
形容詞「各部門間の」

☐ **interdepend** 〔inter（相互に）+ depend（頼る）〕
動詞 「相互依存する」

☐ **interdependency** 〔inter（相互に）+ dependency（依存状態）〕
名詞 「相互依存性」

☐ **interdependent** 〔inter（相互に）+ dependent（依存する）〕
形容詞「相互依存する」

☐ **interest** 〔inter（間に）+ est（存在する）〕
名詞 「関心」
動詞 「～に興味を起こさせる」
▶ Our daughter has a strong **interest** in rock-'n'-roll.
（私たちの娘はロックンロール音楽にとても興味を持っている）
▶ Are you **interested** in our products?
（我が社の製品に興味はありますか？）

☐ **interested** 〔interest（関心、利子）+ ed〕
形容詞「関心のある」「利害関係のある」
▶ the **interested** parties（利害関係者）

☐ **interest-free** 〔interest（利子）+ free（含まれていない）〕
形容詞「無利息の」
▶ Our daughter received several **interest**-free scholarships.
（私の娘は数種類の無利息の奨学金をもらった）

□ **interesting**　〔interest（関心）+ ing〕
形容詞「興味深い」
▶ an interesting story（興味深い話）

□ **interface**　〔inter（間に）+ face（顔、面）〕
名詞　「インターフェイス」「調停者」「中間面」
▶ I'll be your interface to that company.
（私がその会社とのインターフェイス（調停者）に
なりましょう）

□ **interfere**　〔inter（相互に）+ fere（殴る）〕
動詞　「干渉する」
▶ Please don't interfere us.
（お願いですから、私たちに干渉しないでください）

□ **interference**　〔interfere（干渉する）+ ence（行為）〕
名詞　「干渉」「介入」「妨害」

□ **interferon**　〔interfere（干渉する）+ on（素粒子）〕
名詞　「インターフェロン」「ウイルス抑制因子」

□ **intergovernmental**　〔inter（間の）+ governmental（政府の）〕
形容詞「政府間の」

□ **intergroup**　〔inter（間の）+ group（グループ）〕
形容詞「グループ間の」

□ **interim**　〔inter（の間）+ im（語尾）〕
名詞　「合間」
形容詞「当座の」「中間の」
※ドイツのプロテスタントとローマ・カトリックと
の間の暫定の取り決めが原義。
▶ Here's our interim report on the project.
（これがそのプロジェクトの中間報告です）

□ **interindustry**　〔inter（間の）+ industry（産業）〕
形容詞「産業間の」

□ **interior**　〔interi（中から）+ or（する人・物）〕
形容詞「内部の」
▶ interior design（インテリア・デザイン）
▶ interior decorating（室内装飾）
名詞　「内部」「インテリア」

| □ **interject** | 〔inter（中に）+ ject（投げる）〕 |
| | 動詞 「挿入する」 |

| □ **interjection** | 〔inter（中に）+ jection（投げること）〕 |
| | 名詞 「不意の発声」「間投詞」「感嘆詞」 |

| □ **interlace** | 〔inter（相互に）+ lace（紐）〕 |
| | 動詞 「織り交ぜる」「結び合わせる」 |

□ **interlude** 〔inter（間に）+ lude（気晴らし）〕
名詞 「合間」「幕間」
▶ We'll have a 10-minute interlude from now.
（今から 10 分間の幕間に入ります）

| □ **intermarriage** | 〔inter（間の）+ marriage（結婚）〕 |
| | 名詞 「異なる人種間の結婚」 |

| □ **intermarry** | 〔inter（間の）+ marry（結婚する）〕 |
| | 動詞 「人種が異なる人が結婚する」 |

| □ **intermediary** | 〔intermedi（間の）+ ary（関する）〕 |
| | 名詞 「媒介者」「手段」 |

□ **intermediate** 〔inter（間の）+ mediate（仲立ちする）〕
名詞 「中間物」「媒介」
形容詞 「中間の」「中級の」
▶ intermediate school（中学校）
▶ I was recommended by my manager to take an intermediate English conversation class.
（私は上司から英会話の中級コースを受けるように推薦されました）

□ **intermission** 〔inter（途中に）+ mission（行かせる）〕
名詞 「休憩時間」
▶ We'll take a ten-minute intermission from now.
（今から 10 分間の休憩を取ります）

□ **intermittent** 〔ラテン語 intermittens に由来〕
形容詞 「断続する」「断続的な」
▶ We'll have an intermittent rain tomorrow afternoon.
（明日の午後には断続的に雨が降るでしょう）

□ **intern** 〔フランス語の interne（中に住む）から〕
名詞　「インターン」
動詞　「インターンとして勤務する」

□ **internal** 〔intern（中に）+ al（に関する）〕
形容詞「内部の」「内側の」
▶ internal audit（内部監査）

□ **international** 〔inter（間の）+ national（国）〕
形容詞「国際的な」
▶ International Monetary Fund
（国際通貨基金）

□ **internet** 〔inter（相互の）+ net（ネットワーク）〕
名詞　「インターネット」
▶ They started to sell their products over the
Internet.
（彼らはインターネットで製品を販売し始めた）
形容詞「インターネットの」
▶ We should start our Internet business.
（私たちはインターネット・ビジネスを始めるべき
です）

□ **internment** 〔intern（抑留）+ ment（名詞語尾）〕
名詞　「留置」「抑留」

□ **interpersonal** 〔inter（間の）+ personal（個人）〕
形容詞「個人間の」

□ **interhuman** 〔inter（間の）+ human（人）〕
形容詞「人と人の間の」

□ **interrelate** 〔inter（相互に）+ relate（関係づける）〕
動詞　「相互に関係づける」

□ **intersection** 〔inter（間を）+ section（分割すること）〕
名詞　「交差点」「横断」
▶ Make a right turn at the second intersection.
（2つ目の交差点を右に曲がってください）

□ **interval** 〔inter（間）+ val（城壁）〕
名詞　「間隔」「幕間」

l の前では il になる。

□ **irrational** 〔ir（無）+ rational（理性的な）〕
形容詞「理性のない」
▶ Don't do such **irrational** conduct.
（そのような理性のない行動を取ってはいけない）

□ **irredeemable** 〔ir（不）+ redeemable（悪魔から買い戻せる）〕
形容詞「買い戻せない」

□ **irrefutable** 〔ir（非）+ refutable（論駁することができる）〕
形容詞「反駁できない」

□ **irregular** 〔ir（不）+ regular（規則的な）〕
形容詞「不規則な」「異常な」
▶ The ball made an **irregular** bound.
（ボールはイレギュラー・バウンドした）

□ **irrelative** 〔ir（無）+ relative（関係のある）〕
形容詞「関係のない」

□ **irrelevant** 〔ir（無）+ relevant（関係のある）〕
形容詞「無関係な」

□ **irremovable** 〔ir（不）+ removable（移せる）〕
形容詞「移し得ない」

□ **irreplaceable** 〔ir（不）+ replaceable（置き換えられる）〕
形容詞「置き換えることのできない」「かけがえのない」
▶ These are **irreplaceable** works of art.
（これらは置き換えることのできない芸術作品だ）

□ **irresistible** 〔ir（不）+ resistible（抵抗できる）〕
形容詞「抵抗できない」「抑えられない」
▶ The invitation was simply **irresistible**.
（その誘いは簡単には我慢できないほど魅力的なものだった）

□ **irresolute** 〔ir（非）+ resolute（決然とした）〕
形容詞「決断力のない」「優柔不断な」

□ **irrespective** 〔ir（無）+ respective（各自の）〕
形容詞「無私な」「関係なく」
▶ irrespective of ~（~に関わりなく）
▶ This job is given to anyone suitable irrespective of nationality.
（この仕事は国籍に関係なく、適任な人の誰にでも与えられる）

□ **irresponsible** 〔ir（無）+ responsible（責任のある）〕
形容詞「責任を負わない」「責任のない」
▶ You are irresponsible for the result.
（あなたは、その結果に責任はない）

□ **irresponsive** 〔ir（無）+ responsive（反応する）〕
形容詞「反応のない」

□ **irretraceable** 〔ir（非）+ retrace（跡をたどる）+ able（できる）〕
形容詞「跡をたどれない」
▶ Unfortunately, many crimes are irretraceable.
（残念ながら、多くの犯罪は跡をたどることができない）

□ **irreversible** 〔ir（非）+ reversible（逆にできる）〕
形容詞「逆にできない」

□ **irrevocable** 〔ir（非）+ revocable（取り消すことができる）〕
形容詞「取り消せない」

iso 〔等しい、同一の、島、孤立〕

□ **isobar** 〔iso（等しい）+ bar（細長の線）〕
名詞 「等圧線」

□ **isobaric** 〔isobar（等圧線）+ ic（の性質の）〕
形容詞「等圧線の」

□ **isodiametric** 〔iso（等しい）+ diametric（直径の）〕
形容詞「等直径の」

□ **isolate** 〔iso（島）+ late（〜にさせる）〕
動詞 「孤立させる」
　▶ an isolated village（孤立した村）
　▶ The flood isolated the town.
　（洪水でその町は孤立した）

□ **isolation** 〔iso（島）+ late（〜にさせる）+ ation（行動）〕
名詞 「隔離」
　▶ isolation hospital（隔離病院）
　▶ isolation ward（隔離病棟）
　▶ The patient was sent to an isolation ward.
　（その患者は隔離病棟に送られた）
　▶ in isolation（隔離されて）
　▶ Japanese culture developed in isolation from
　the rest of the world.
　（日本の文化は世界から隔離されて発達した）
　▶ isolation period（隔離期間）

□ **isolationism** 〔iso（島）+ late（〜にさせる）+ ation（行動）+ ism（主義）〕
名詞 「孤立主義」

□ **isolationist** 〔iso（島）+ late（〜にさせる）+ ation（行動）+ ist（主義者）〕
名詞 「孤立主義者」

□ **isolative** 〔iso（島）+ late（〜にさせる）+ ive（の性質をもった）〕
形容詞「孤立の」

□ **isolatively** 〔iso（島）+ late（〜にさせる）+ ive（の性質をもった）+ ly（副詞語尾）〕
副詞 「孤立に」

□ **isometric** 〔iso（同一の）+ metric（メートルの）〕
形容詞「同じ大きさの」

□ **isotope** 〔iso（等しい）+ tope（場所）〕
名詞 「アイソトープ」「同位元素」

ject 〔投げる、投げ入れる〕

□ **adjective** 〔ad（に）+ ject（投げる）+ ive（語尾）〕
名詞 「形容詞」
形容詞「形容詞の」

□ **conjecture** 〔con（一緒に）+ ject（投げる）+ ure（名詞語尾）〕
名詞 「推測」「予想」

▶ Several heads are better than one in identifying problems and making **conjectures** about the future.
（数人の頭脳のほうが、一人の頭脳より、問題を見分けたり、将来を推測したりする際には優れている）

□ **inject** 〔in（中に）+ ject（投げる）〕
動詞 「注ぐ」「注射する」

□ **injection** 〔in（中に）+ ject（投げる）+ ion（名詞語尾）〕
名詞 「注射」

▶ The vaccine involves two **injections** for adults.
（そのワクチンは、大人には2回の注射が必要とされる）

□ **interjection** 〔inter（間）+ ject（投げ入れる）+ ion（名詞語尾）〕
名詞 「不意の叫び」「間投詞」「感嘆詞」

▶ Wonderful! and Heavens! are **interjections**.
（ワンダフルやヘブンズは感嘆詞です）

□ **object** 〔ob（に対して）+ ject（投げる）〕
名詞 「対象」「目的語」

▶ What is the **object** of this sentence?
（この文の目的語は何ですか？）

□ **objection** 〔ob（に対して）+ ject（投げる）+ ion（名詞語尾）〕
名詞 「反対」「異議」

□ **project** 〔pro（前に）+ ject（投げる）〕
名詞 「プロジェクト」「計画」「事業」
　　▶ I'm working on a new **project**.
　　　（私は新プロジェクトに携わっています）
動詞 「推定する」

□ **projection** 〔pro（前に）+ ject（投げる）+ ion（名詞語尾）〕
名詞 「予測して示すこと」「計画」
　　▶ We should carefully perform budget
　　　projections on all future undertakings.
　　　（全ての将来の請負仕事の予算の予測を注意深く行
　　　わなければならない）

□ **reject** 〔re（反対に）+ ject（投げる）〕
動詞 「拒絶する」「却下する」
　　▶ Unfortunately, they **rejected** our proposal.
　　　（残念ながら、彼らは我々の提案を却下しました）

J

□ **subject** 〔sub（下に）+ ject（投げる）〕
名詞 「主題」「主語」「科目」「テーマ」
　　▶ What's the **subject** of your presentation?
　　　（あなたのプレゼンのテーマは何ですか？）
形容詞 「主題の」「首記の」
　　▶ Please refer to the **subject** letter.
　　　（首記の手紙をご参照ください）

□ **subjective** 〔subject（主語）+ ive（に関する）〕
形容詞 「主観的な」

journ 〔日〕

□ **adjourn** 〔ad（〜へ）+ journ（日）〕
動詞 「(日程を)延期する」「一時休止する」

□ **journal** 〔journ（日）+ al（の)〕
名詞 「日記」「日誌」「日刊新聞」
　　※毎日のお祈りの時間が書かれている本が語源。
　　▶ I've been taking a **journal** for the past ten
　　　years.
　　　（私はこの10年間、日記をつけている）

□ **journalism**　〔journal（日）+ ism（抽象的名詞語尾）〕
　　　　　　　　名詞　「ジャーナリズム」

□ **journalist**　〔journal（日誌）+ ist（人）〕
　　　　　　　　名詞　「ジャーナリスト」
　　　　　　　　　▶ My son became a journalist.
　　　　　　　　　　（私の息子はジャーナリストになった）

□ **journey**　〔journey（一日の旅行分、一日の仕事）〕
　　　　　　　　名詞　「旅行」「旅程」
　　　　　　　　　▶ We took a two-day journey into the jungle.
　　　　　　　　　　（私たちはジャングルに2日間の旅行をした）

□ **sojourn**　〔so（やや）+ journ（日）〕
　　　　　　　　名詞　「一時滞在」「短期滞在」

---

join 〔結びつける〕

□ **join**　〔join（結びつける）〕
　　　　　　　　動詞　「接合する」「～と一緒になる」
　　　　　　　　　▶ I'll join you later in the cafeteria.
　　　　　　　　　　（私は後で、食堂で皆さんに加わります）

□ **joiner**　〔join（結びつける）+ er（人）〕
　　　　　　　　名詞　「参加する人」「入会する人」「結合者」

□ **joint**　〔join（結びつける）+ t〕
　　　　　　　　名詞　「ジョイント」「接合箇所」
　　　　　　　　　※join（接合する）の過去分詞が名詞になった。
　　　　　　　　　▶ joint author（共著者）
　　　　　　　　　▶ joint bank account（共同銀行口座）
　　　　　　　　　▶ joint committee（両院合同委員会）
　　　　　　　　　▶ joint communique（共同コミュニケ）
　　　　　　　　　▶ joint venture（ジョイント・ベンチャー、共同事業体）
　　　　　　　　　▶ The joint venture has been very profitable.
　　　　　　　　　　（そのジョイント・ベンチャーはとても利益が上がっている）

K

keen 〔鋭い〕

□ **keen**　　　　〔keen（鋭い）〕
　　　　　　　　形容詞「鋭い」「熱心な」

□ **keenly**　　　〔keen（鋭い）+ ly（副詞語尾）〕
　　　　　　　　副詞　「鋭敏に」「熱心に」

keep 〔保つ、維持する〕

□ **keep**　　　　〔keep（保つ）〕
　　　　　　　　動詞　「保つ」「維持する」

□ **keeper**　　　〔keep（保つ）+ er（人）〕
　　　　　　　　名詞　「守る人」「ゴールキーパー」〔サッカー〕

□ **keeping**　　〔keep（保つ）+ ing（名詞語尾）〕
　　　　　　　　名詞　「保持」「維持」「保存」

K

labor 〔労働、働く〕、 laborate 〔働く〕

□ **collaborate** 〔col（一緒に）+ laborate（働く）〕
動詞 「共同して働く」

□ **collaboration** 〔col（一緒に）+ labor（労働）+ ation（名詞語尾）〕
名詞 「共同作業」「共同研究」

□ **elaborate** 〔e（外で）+ laborate（働く）〕
形容詞「苦心の」「入念な」「精巧な」

□ **elaboration** 〔e（外で）+ labor（労働）+ ation（名詞語尾）〕
名詞 「骨折って作ること」「労作」

□ **labor** 〔labor（労働）〕
名詞 「労働」「仕事」「作業」
▶ labor content（労務費用部分）
▶ labor union（労働組合）
▶ labor force（労働力）
▶ manual labor（肉体労働）
▶ This product has high labor content.
（この製品は人件費部分が多い）

□ **laborer** 〔labor（働く）+ er（人）〕
名詞 「労働者」
▶ Most of the laborers in the vineyard in
southern California are from Mexico.
（南カリフォルニアのブドウ園で働く労働者の大半
はメキシコから来ている）

□ **laboring** 〔labor（労働）+ ing（語尾）〕
形容詞「労働に従事する」

□ **labor-intensive** 〔labor（労働）+ intensive（集中的な）〕
形容詞「労働集約的な」
▶ Their labor-intensive industries produce
cheap goods for export.
（彼らの労働集約産業は、輸出用の値段の安い製品
を生産している）

□ **laborious** 〔labor（労働）+ ious（形容詞語尾）〕
形容詞「骨の折れる」「労力を要する」

□ **laboratory**　〔labor（労働）+ atory（名詞語尾）〕
　　　　　　　　　名詞　「研究所」「実習室」

lect 〔選ぶ、集める、読む、話す〕

□ **collect**　〔col（一緒に）+ lect（集める）〕
　　　　　　　動詞　「集める」「収集する」
　　　　　　　　　▶ My boy collects foreign stamps.
　　　　　　　　　（息子は海外の切手を収集している）

□ **elect**　〔e（外に）+ lect（選ぶ）〕
　　　　　　　動詞　「選挙する」「選ぶ」
　　　　　　　　　▶ We elected him leader.
　　　　　　　　　（私たちは彼をリーダーに選んだ）

□ **election**　〔e（外に）+ lect（選ぶ）+ ion（名詞語尾）〕
　　　　　　　名詞　「選挙」「選出」「選択」
　　　　　　　　　▶ election campaign（選挙運動）
　　　　　　　　　▶ The election campaign lasted ten days.
　　　　　　　　　（その選挙運動は 10 日間続いた）

□ **intellect**　〔intel（中から）+ lect（選ぶ）〕
　　　　　　　名詞　「知性」「思考力」「知力」

□ **intellectual**　〔intel（中から）+ lect（選ぶ）+ ual（語尾）〕
　　　　　　　形容詞「知的な」
　　　　　　　名詞　「インテリ」
　　　　　　　　　▶ intellectual property（知的財産）

□ **lecture**　〔lect（読む、話す）+ ure（こと）〕
　　　　　　　名詞　「講義」「講演」「訓戒」

□ **lecturer**　〔lecture（講義）+ r〕
　　　　　　　名詞　「講演者」「塾の先生」「予備校講師」
　　　　　　　　　▶ He is one of the popular lecturers at the cram
　　　　　　　　　 school.
　　　　　　　　　（彼はその予備校で人気のある講師の一人です）

L

□ **neglect**　〔neg（しない）+ lect（選ぶ）〕
　　　　　動詞　「疎かにする」「放っておく」
　　　　　▶ The parents neglected their children.
　　　　　（その両親は自分の子供を放っておいた）

□ **select**　〔se（離して）+ lect（選ぶ）〕
　　　　　動詞　「選ぶ」「選び出す」「選抜する」
　　　　　▶ You can select from a wide range of excellent products.
　　　　　（たくさんのすばらしい品物の中からお選びしていただけます）

□ **selection**　〔se（離して）+ lect（選ぶ）+ ion（名詞語尾）〕
　　　　　名詞　「選択」「選出」「選抜」
　　　　　▶ The selection process of the vote is very complicated.
　　　　　（投票の選出過程はとても複雑だ）

log, logue 〔話、言葉、演奏、研究学徒〕

□ **catalog(ue)**　〔cata（完全に）+ logue（言葉）〕
　　　　　名詞　「カタログ」
　　　　　▶ I would like to keep this catalog.
　　　　　（このカタログをもらいたいのですが）

□ **dialog(ue)**　〔dia（ずっと）+ log（話）〕
　　　　　名詞　「対話」
　　　　　▶ The dialog of the couple in the film is very funny.
　　　　　（その映画の中のカップルの会話はとても面白い）

□ **epilog(ue)**　〔epi（追加して）+ log（話）〕
　　　　　名詞　「エピローグ」「納め口上」

□ **ideolog(ue)**　〔ideo（形式）+ log（話）〕
　　　　　名詞　「理論家」

□ **monolog(ue)**　〔mono（一人で）+ log（話）〕
　　　　　名詞　「独白」

□ **prolog(ue)** 〔**pro**（前の）+ **log**（話）〕
名詞　「序幕」「序文」「プロローグ」

□ **sinologue** 〔**sino**（中国）+ **log**（学者）〕
名詞　「中国研究家」

□ **travelogue** 〔**travel**（旅行）+ **logue**（話）〕
名詞　「旅行談」
▶ This **travelogue** dates back to the 16th century.
（この旅行談は 16 世紀に遡る）

L

magni 〔大、大きい〕

□ **magnification** 〔magni（大きい）+ fication（すること）〕

名詞 「倍率」「拡大図」

▶ I'm looking for a pair of binoculars with 10-time **magnification**.
（私は 10 倍の双眼鏡を探しています）

□ **magnificent** 〔magni（大きい）+ ficent（にする）〕

形容詞 「壮大な」「堂々とした」

▶ The palace is **magnificent**.
（その宮殿は壮大だ）

□ **magnifier** 〔magni（大きい）+ fier（するもの）〕

名詞 「拡大鏡」「ルーペ」

□ **magnify** 〔magni（大きい）+ fy（動詞化する）〕

動詞 「拡大する」「大きく見せる」

▶ This telescope **magnifies** an object twenty times.
（この望遠鏡は物体を 20 倍に拡大する）

▶ **magnifying** glass（拡大鏡）

▶ **magnifying** power（倍率）

□ **magnitude** 〔magni（大きな）+ tude（状態を表す名詞語尾）〕

名詞 「膨大」「大きな事」

▶ a matter of immense **magnitude**
（極めて重大な事柄）

mal 〔悪、非、不完全な〕

□ **malfunction** 〔mal（悪）+ function（機能）〕

名詞 「機能不良」「故障」

□ **malnutrition** 〔mal（悪）+ nutrition（栄養摂取）〕
名詞 「栄養不良」「栄養失調」
▶ Many people from the world's poor nations suffer from disease and **malnutrition**.
（世界の貧しい国々の多くの人たちは、病気と栄養失調にさいなまれている）

□ **malpractice** 〔mal（悪）+ practice（業務）〕
名詞 「医療過誤」「不正行為」「違法行為」

□ **maltreat** 〔mal（悪）+ treat（扱う）〕
動詞 「虐待する」「酷使する」
▶ It's sad to say, but most of the refugees from the country have been **maltreated**.
（言うのが悲しいのですが、その国からの難民の多くは虐待されていた）

micro 〔小、微小、小さい〕

M

□ **microcar** 〔micro（小）+ car（車）〕
名詞 「マイクロカー〔一人乗り自動車〕」
▶ A **microcar** is cheap on gas.
（マイクロカーは燃費がいい）

□ **microcode** 〔micro（小）+ code（コード）〕
名詞 「マイクロコード」

□ **microprogramming** 〔micro（小）+ programming（プログラミング）〕
名詞 「マイクロプログラミング」

□ **microcomputer** 〔micro（小）+ computer（コンピューター）〕
名詞 「小型コンピューター」「マイコン」

□ **microcosm** 〔micro（小）+ cosm（宇宙）〕
名詞 「小宇宙」「縮図」

□ **microfiche** 〔micro（小）+ fiche（小さいカード）〕
名詞 「マイクロフィッシュ」

□ **microfilm** 〔micro（小）+ film（フィルム）〕
名詞 「マイクロフィルム」
▶ We store all the data on microfilm.
（全てのデータはマイクロフィルムに記録する）

□ **microcapsule** 〔micro（小）+ capsule（カプセル）〕
名詞 「極小カプセル」「マイクロカプセル」

□ **microinjection** 〔micro（微小）+ injection（注射）〕
名詞 「顕微注射」「微量注射」

□ **microphone** 〔micro（小さい）+ phone（音）〕
名詞 「マイクロフォン」
▶ You had better speak through a microphone.
（マイクを使って話したほうがいいですよ）

□ **microprocessor** 〔micro（小さい）+ processor（プロセッサー）〕
名詞 「マイクロプロセッサー」「超小型演算装置」

□ **microprogram** 〔micro（小さい）+ program（プログラム）〕
名詞 「マイクロプログラム」

□ **microscope** 〔micro（微小）+ scope（範囲）〕
名詞 「顕微鏡」

□ **microscopic** 〔micro（微小）+ scopic（範囲の）〕
形容詞「極微の」「顕微鏡の」「微視的な」

□ **microsurgery** 〔micro（微小）+ surgery（手術）〕
名詞 「顕微外科手術」「マイクロサージャリー」
▶ That hospital is well equipped with microsurgery equipment.
（あの病院は顕微外科手術用の設備がとてもよく整っている）

□ **microwave** 〔micro（微小）+ wave（波）〕
名詞 「マイクロ波」「電子レンジ」
▶ microwave oven（電子レンジ）
※range という単語は使わない。
▶ I'll heat your soup by microwave oven.
（あなたのスープを電子レンジで温めましょう）

□ **major**　〔major（大きい）〕
　　　　　　形容詞「大きい」「主要な」

　　　　　　　▶ Major League（メジャーリーグ）
　　　　　　　　※「メイジャーリーグ」と発音。

　　　　　　　▶ a major problem（大きな問題）

　　　　　　　▶ major general（少将）

　　　　　　　▶ Fishery is still the major industry of the
　　　　　　　　country.
　　　　　　　　（その国では、まだ漁業が主要産業である）

　　　　　　動詞「専攻する」

　　　　　　　▶ He majored in economics at Cambridge.
　　　　　　　　（彼はケンブリッジ大学で経済学を専攻した）

　　　　　　名詞「専攻」

　　　　　　　▶ What was your major in college?
　　　　　　　　（大学での専攻は何でしたか？）

□ **majority**　〔major（大きい）+ ity（名詞語尾）〕
　　　　　　名詞「大多数」

M

□ **manual**　〔manu（手）+ al（の）〕
　　　　　　名詞「マニュアル」

　　　　　　　▶ This is the operation manual for this machine.
　　　　　　　　（これはこの機械の操作マニュアルです）

　　　　　　形容詞「手による」

　　　　　　　▶ manual transmission
　　　　　　　　（マニュアル・トランスミッション）
　　　　　　　　※automatic transmission
　　　　　　　　　（オートマのトランスミッション）

□ **manufacture**　〔manu（手）+ facture（作る）〕
　　　　　　動詞「製造する」「製作する」

　　　　　　　▶ This plant manufactures automobile parts.
　　　　　　　　（この工場は自動車部品を製造している）

□ **manufacturer** 〔manu（手）+ facturer（作る人）〕
名詞 「製造業者」「メーカー」「工場主」
▶ We have three rival **manufacturers**.
（我々には3社の競争相手のメーカーがいる）

□ **manufacturing** 〔manu（手）+ factur(e)（作る）+ ing〕
名詞 「製造」「製造業」
形容詞「製造の」「製造業の」
▶ **manufacturing** cost（製造原価）
▶ **manufacturing** overhead（製造間接費）
▶ We are using the latest **manufacturing** technology.
（我々は最新の製造技術を取り入れている）

□ **manufactory** 〔manu（手）+ factory（工場）〕
名詞 「製造所」「工場」

□ **manure** 〔manure（手を使って作業をする）〕
名詞 「肥料」「肥やし」
※「手を使って働く」から来ている。

□ **manuscript** 〔manu（手）+ script（書かれた）〕
名詞 「原稿」
▶ **Manuscripts** are written on papers by hand.
（原稿は紙に手書きで書かれている）

medi 〔中間〕

□ **immediate** 〔im（ない）+ medi（中間）+ ate（〜な）〕
形容詞「即時の」「直接の」

□ **intermediate** 〔inter（間）+ mediate（真ん中）〕
形容詞「中間の」「中級の」
▶ My daughter is taking an **intermediate** Italian class at college.
（私の娘は大学で中級イタリア語のクラスを受けている）

□ **media** 〔medi（中間）+ a（複数形語尾）〕
名詞 「マスメディア」「マスコミ」
※the を伴う。medium の複数形。

□ **medium**　〔**medi**（中間）+ **um**〕
名詞　「中間」「手段」「媒体」
　　　▶ **medium** of exchange（交換媒介物）
　　　▶ We may have to take the last **medium**.
　　　　（我々は最後の手段を取らざるを得ないかもしれない）
形容詞　「中間の」「真ん中の」
　　　▶ I wear a **medium** size.（私はMサイズです）

□ **medieval**　〔**medi**（中間）+ **eval**（中世）〕
形容詞　「中世の」
　　　▶ **medieval** history of Europe
　　　　（ヨーロッパの中世史）

□ **mediocre**　〔**medi**（中間の）+ **ocre**（頂）〕
形容詞　「平凡な」「二流の」「可もなく不可もない」
　　　▶ The hotel we stayed was **mediocre**.
　　　　（私たちが宿泊したホテルは二流だった）

□ **median**　〔**medi**（中間の）+ **an**（形容詞・名詞の語尾）〕
形容詞　「中間の」
名詞　「中央分離帯」「中央値」
　　　▶ I saw two men fighting in the **median**.
　　　　（2人の男が中央分離帯で喧嘩しているのを見た）

□ **Mediterranean**　〔**medi**（中間）+ **terra**（土地）+ **nean**（性質を持つ）〕
名詞　「地中海」
　　　▶ Many old people love a mild **Mediterranean**
　　　　climate.
　　　　（多くの老人たちは温暖な地中海性気候を好む）

M

meter 〔計る、計量器〕

□ **meter**

〔meter（計る）〕
名詞 「メートル」「計量器」

□ **altimeter**

〔alti（高さ）+ meter（計量器）〕
名詞 「高度計」

▶ radio altimeter（電波高度計）
▶ According to the altimeter, we're standing at altitude of 1,530 meters.
（高度計によると、私たちは 1,530 メートルの高さに立っている）

□ **ammeter**

〔am（アンペア）+ meter（計量器）〕
名詞 「電流計」

▶ We switched to digital ammeters last year.
（我々は昨年、デジタル電流計に入れ替えた）

□ **anemometer**

〔anemo（風）+ meter（計量器）〕
名詞 「風力計」

□ **barometer**

〔baro（重さ）+ meter（計量器）〕
名詞 「圧力計」「気圧計」

▶ a barometer stock（指標株）

□ **odometer**

〔odo（道）+ meter（計量器）〕
名詞 「走行距離計」

□ **pedometer**

〔pedo（足）+ meter（計量器）〕
名詞 「歩数計」「万歩計」

▶ According to my pedometer I walked 7,800 steps today.
（私の万歩計によれば、今日は 7,800 歩、歩いた）

□ **perimeter**

〔peri（周り）+ meter（計る）〕
名詞 「周囲」「外周」

▶ What's the perimeter of this pond?
（この池の周囲はどのくらいありますか？）

□ **thermometer**

〔thermo（熱の）+ meter（計量器）〕
名詞 「体温計」「温度計」「寒暖計」

---

mini 〔極小の、小型の、少ない〕、 min 〔小さい〕

□ **administer** 〔ad（に向かって）+ minister（執行する）〕
動詞 「管理する」

□ **mince** 〔mince（小さいこと）〕
動詞 「細かく切り刻む」「細分化する」

□ **miniature** 〔miniat（小型の）+ ure（名詞語尾）〕
名詞 「縮小図」「ミニチュア」
▶ a miniature camera（ミニチュアカメラ）
▶ miniature golf（ミニチュアゴルフ）

□ **miniaturization** 〔mini（小型の）+ aturization（「する」を意味する名詞語尾）〕
名詞 「小型化すること」

□ **miniaturize** 〔mini（小型の）+ aturize（「する」を意味する動詞語尾）〕
動詞 「小型化する」

□ **miniaturized** 〔mini（小型の）+ aturized（「した」を意味する形容詞語尾）〕
形容詞「小型化した」

M

□ **minibar** 〔mini（小型の）+ bar（バー）〕
名詞 「ミニバー」
▶ Drinks from a minibar in a hotel are priced higher than regular prices.
（ホテルのミニバーの飲み物は通常価格よりも高く値付けされている）

□ **minibus** 〔mini（小型の）+ bus（バス）〕
名詞 「ミニバス」
※さらに小さいバスは microbus と呼ばれる。

□ **minibreak** 〔mini（少ない）+ break（休憩）〕
名詞 「短い休憩」
▶ Let's take a 5-minute minibreak.
（5 分間の短い休憩を取りましょう）

□ **minicab** 〔mini（小型の）+ cab（タクシー）〕
名詞 「ミニキャブ」
※電話で呼ぶ、小型タクシー。

□ **minicamp**　〔mini（小型の）+ camp（キャンプ）〕
　　　　　　　名詞　「ミニキャンプ」
　　　　　　　　　▶ a spring minicamp（春期のミニキャンプ）

□ **minicar**　〔mini（小型の）+ car（車）〕
　　　　　　　名詞　「ミニカー」

□ **minidress**　〔mini（短い）+ dress（ドレス）〕
　　　　　　　名詞　「ミニドレス」
　　　　　　　　　▶ a wedding minidress
　　　　　　　　　　（膝までの短いウエディング・ドレス）

□ **minimal**　〔minim（極小の）+ al（に関する）〕
　　　　　　　形容詞「最小の」「極小の」
　　　　　　　　　▶ Your report just satisfied the minimal
　　　　　　　　　　requirement.
　　　　　　　　　　（あなたの報告書は最低限の条件を満たしているに
　　　　　　　　　　すぎない）

□ **minimum**　〔mini（極小の）+ mum（最も）〕
　　　　　　　名詞　「最小限」「最低限」「最小値」「最低値」
　　　　　　　　　▶ minimum wage（最低賃金）
　　　　　　　　　▶ What is the minimum drinking age in your
　　　　　　　　　　country?
　　　　　　　　　　（あなたの国では飲酒の最低年齢はいくつです
　　　　　　　　　　か？）

□ **miniskirt**　〔mini（短い）+ skirt（スカート）〕
　　　　　　　名詞　「ミニスカート」

□ **minister**　〔mini（小さい、目下の）+ ster（人）→仕える人〕
　　　　　　　名詞　「大臣」「代理人」

□ **minus**　〔min（小さい）+ us（もっと～）→より少ない〕
　　　　　　　形容詞「マイナスの」
　　　　　　　　　▶ minus three percent（マイナス３％）
　　　　　　　　　▶ We got a minus evaluation on our presentation
　　　　　　　　　　rehearsal.
　　　　　　　　　　（私たちはプレゼンのリハーサルでマイナスの評価
　　　　　　　　　　をもらった）

□ **minute**　〔ラテン語の **minuta**（小さくした）から〕
名詞　「分」
▶ I have five more **minutes** before the meeting.
（会議まで5分あります）
形容詞「些細な」
※「分」と「些細な」の意味では、発音が違うので注意。
▶ Don't be troubled with **minute** differences.
（些細な違いにクヨクヨしてはいけない）

---

mir〔見て驚く〕、　**miracle**〔すばらしい〕

□ **admirable**　〔**ad**（方向）+ **mir**（驚く）+ **able**（できる）〕
形容詞「称賛に値する」「驚くほど見事な」

□ **admiration**　〔**ad**（方向）+ **mir**（驚く）+ **ation**（名詞語尾）〕
名詞　「称賛」「感心」「感嘆」

□ **admire**　〔**ad**（方向）+ **mir**（驚く）+ **e**〕
動詞　「ほめる」「〜を賞賛する」「称賛する」
▶ We all **admire** your courage.
（私たちは皆、あなたの勇気を称賛します）

□ **admirer**　〔**ad**（方向）+ **mir**（驚く）+ **er**（人）〕
名詞　「ファン」「称賛者」

□ **miracle**　〔**miracle**（すばらしい）〕
名詞　「奇跡」「驚くべきこと」
▶ It would take a **miracle** for us to be the number one in the industry.
（業界で我々が一番になるためには奇跡が必要だろう）

□ **miraculous**　〔**miracle**（すばらしい）+ **ous**（形容詞語尾）〕
形容詞「奇跡的な」「驚くべき」
▶ Our president made a **miraculous** recovery after the traffic accident.
（我が社の社長は交通事故の後で奇跡的な回復を遂げた）

M

□ **mirage**　〔mira（鏡の中で見る）+ age（動作の結果）〕

名詞　「蜃気楼」

▶ The heat is rippling watery **mirages** on the road.
（熱が路上に水の蜃気楼を起こしている）

□ **mirror**　〔mir（見て驚く）+ ror〕

名詞　「鏡」

mis 〔誤った、間違った、悪い、不適当に〕

□ **miscalculate**　〔mis（誤った）+ calculate（計算する）〕

動詞　「計算を誤る」

▶ The cashier **miscalculated** the total amount.
（レジ係が合計金額を計算間違いした）

□ **miscarry**　〔mis（誤った）+ carry（運ぶ）〕

動詞　「誤配される」「失敗する」「流産する」

□ **mischief**　〔mis（悪い）+ chief（終わり）〕

名詞　「いたずら」「損傷」

▶ You have to make sure that your kid does not get into **mischief**.
（あなたの子供がいたずらをしないように、注意しなければならない）

□ **miscommunicate**　〔mis（誤った）+ communicate（伝達する）〕

動詞　「誤って伝達する」

□ **misconception**　〔mis（間違った）+ conception（考え）〕

名詞　「誤解」「思い違い」

□ **misconduct**　〔mis（悪い）+ conduct（行動）〕

名詞　「不品行」「非行」

□ **misdemeanor**　〔mis（悪い）+ demeanor（ふるまい）〕

名詞　「不品行」「軽犯罪」「不正行為」

▶ Your son committed a **misdemeanor** last night.
（あなたの息子さんが昨晩、軽犯罪を起こしました）

□ **misdirect**	〔**mis**（間違った）+ **direct**（指導する）〕
	動詞 「誤った指図をする」「誤った方向に行く」

□ **misfile**	〔**mis**（間違って）+ **file**（ファイルする）〕
	動詞 「誤った所に綴じ込む」
	▶ I must have **misfiled** the folder.
	（私はそのフォルダーを間違ってファイルしたに違いない）

□ **misfit**	〔**mis**（不適当に）+ **fit**（合う）〕
	動詞 「うまく合わない」

□ **mishandle**	〔**mis**（間違った）+ **handle**（取り扱う）〕
	動詞 「扱いを誤る」
	▶ You should pay a close attention not to **mishandle** the endangered animal.
	（その絶滅に瀕した動物の取り扱いを間違わないように、細心の注意を払わなければならない）

□ **mishap**	〔**mis**（悪い）+ **hap**（出来事）〕
	名詞 「災難」「不運」「不幸」

M

□ **misjudge**	〔**mis**（間違った）+ **judge**（判断する）〕
	動詞 「判断を誤る」

□ **misinform**	〔**mis**（間違った）+ **inform**（伝える）〕
	動詞 「誤報する」
	▶ We have been **misinformed** about the date for the meeting.
	（我々は、間違った会議の日付を告げられていた）

□ **misinterpret**	〔**mis**（誤った）+ **interpret**（判断する）〕
	動詞 「誤訳する」「誤解する」

□ **mislead**	〔**mis**（間違った）+ **lead**（導く）〕
	動詞 「誤った方向に向く」

□ **misleading**	〔**mis**（間違った）+ **leading**（指導する）〕
	形容詞 「誤解させる」「誤解を招く」
	▶ Please stop making a **misleading** statement.
	（誤解させるようなことは言わないでください）

□ **mismatch** 〔mis（間違った）+ match（組み合わせ）〕
名詞 「誤った組み合わせ」

□ **misplace** 〔mis（間違った）+ place（置く）〕
動詞 「間違った場所に置く」「置き誤る」
▶ The key to the storage room must have been **misplaced**.
（倉庫の鍵は、間違った所に置かれたに相違ない）

□ **mispronounce** 〔mis（間違って）+ pronounce（発音する）〕
動詞 「誤って発音する」

□ **mispronunciation** 〔mis（間違った）+ pronunciation（発音）〕
名詞 「誤った発音」

□ **misquote** 〔mis（間違った）+ quote（引用する）〕
動詞 「誤った引用をする」

□ **misspell** 〔mis（間違った）+ spell（綴り、スペル）〕
動詞 「綴り（スペル）を間違える」
▶ Five words are **misspelled** in this report.
（この報告書では5つの単語の綴りが間違っている）

□ **misstep** 〔mis（間違った）+ step（歩み）〕
名詞 「踏み誤り」「つまずき」

□ **missuit** 〔mis（間違った）+ suit（合う）〕
動詞 「似合わない」

□ **mistake** 〔mis（間違って）+ take（取る）〕
名詞 「誤り」「過ち」
▶ Don't make any more **mistakes**.
（これ以上、間違いを犯さないでくれ）
動詞 「間違える」「誤解する」
▶ She **mistook** me for my younger brother.
（彼女は私を弟と間違えた）

□ **misuse** 〔mis（間違って）+ use（使う）〕
名詞 「誤用」「悪用」「乱用」

□ **admit**　〔ad（へ）+ mit（送る）〕
動詞　「認める」「（入学などを）認める」

□ **admission**　〔ad（へ）+ mission（派遣）〕
名詞　「入場」「入学」「採用」
※インタビューに応じる語源。
▶ admission fee/charge（入場料、入学金）
▶ Admission free（入場無料）
▶ No admission（入場お断り）

□ **commit**　〔com（一緒に）+ mit（送る）〕
動詞　「約束する」「義務づける」「犯す」
▶ He committed his first crime at the age of 15.
（彼は15歳の時に最初の罪を犯した）
※commit oneself で「言質を与える、身を縛り付ける」
▶ She refused to commit herself on the important issue.
（彼女はその重要な問題に関して、言質を与えるのを拒否した）

□ **committee**　〔com（一緒に）+ mit（送る）+ ee（行為者）〕
名詞　「委員会」

□ **commission**　〔com（一緒に）+ miss（送る）+ ion（名詞語尾）〕
名詞　「委員会」「手数料」

□ **commitment**　〔com（一緒に）+ mit（送る）+ ment（名詞語尾）〕
名詞　「約束」「献身」
▶ Our company should make commitment to quality.
（我が社は品質（保証）を公約すべきである）

□ **emit**　〔e（〜から）+ mit（送る）〕
動詞　「発する」「放つ」「流通させる」

□ **intermit**　〔inter（間）+ mit（送る）〕
動詞　「一時止める」

M

☐ **intermittent** 〔inter（間）+ mit（送る）+ tent（語尾）〕
形容詞 「断続的な」「間欠的な」
▶ Yokohama will have an intermittent rain throughout the day tomorrow.
（横浜は明日、一日中、断続的に雨が降るでしょう）

☐ **omit** 〔o（向かって）+ mit（送る）〕
動詞 「省く」「除外する」「削除する」
▶ He was omitted from the attendees' list.
（彼は、出席者リストから省かれた）

☐ **omission** 〔o（向かって）+ miss（送る）+ ion（名詞語尾）〕
名詞 「省略」「脱落」「見落とし」

☐ **permit** 〔per（完全に）+ mit（送る）〕
動詞 「許可する」「同意する」

☐ **permission** 〔per（完全に）+ miss（送る）+ ion（名詞語尾）〕
名詞 「許可」「承認」
▶ Be sure to get your manager's permission for the business trip.
（間違いなく、その出張の承認を上司からもらってください）

☐ **remit** 〔re（戻す）+ mit（送る）〕
動詞 「入金する」「お金を（電信などで）送る」

☐ **transmit** 〔trans（越えて）+ mit（送る）〕
動詞 「送信する」「～に伝える」
▶ I transmitted a letter by express mail.
（私は手紙を速達で送った）
▶ We should transmit our tradition to our descendants.
（我々の子孫に伝統を伝えなければならない）

□ **monochrome** 〔mono（1つ）+ chrome（色）〕
名詞 「白黒写真」
形容詞「単色の」
  ▶ Some people prefer monochrome films to color films.
  （人によっては、カラー映画よりも白黒映画のほうを好む）

□ **monocoque** 〔mono（1つ）+ coque（殻）〕
形容詞「固定構造の」「モノコック構造の」
名詞 「固定構造」「モノコック構造」

□ **monocular** 〔mono（1つ）+ cular（接眼鏡）〕
名詞 「単眼の」「一眼の」
  ▶ a monocular scope（単眼鏡）
  ▶ I make it a rule to carry a monocular scope in my vest pocket.
  （私はベストのポケットにいつも単眼鏡を携えることにしている）
  ※binocular（双眼の）
    例 a pair of **binoculars**（双眼鏡）

□ **monocycle** 〔mono（1つ）+ cycle（自転車）〕
名詞 「一輪車」
  ▶ It's not easy to ride on a monocycle.
  （一輪車に乗るのは、簡単ではない）

□ **monogamous** 〔mono（1つ）+ gamous（結婚の）〕
形容詞「一夫一婦制の」
  ▶ Polygamous people think monogamous people are funny.
  （複婚をする人たちは、一夫一婦制の人たちはおかしいと思っている）

□ **monograph** 〔mono（1つ）+ graph（書いたもの）〕
名詞 「特定分野の論文」

□ **monolingual** 〔mono（1つ）+ lingu（舌）+ al（形容詞語尾）〕
形容詞「単一言語使用の」「一言語だけ話す」

□ **monolog(ue)** 〔mono（1つ）+ log(ue)（話）〕
名詞 「独白」「モノローグ」

□ **monopoly** 〔mono（1つ）+ poly（販売）〕
名詞 「独占」「専売権」
▶ Their government have a monopoly on salt.
（彼らの政府は、塩の専売権を有している）

□ **monorail** 〔mono（1つ）+ rail（柵）〕
名詞 「モノレール」
▶ Most kids love to ride an elevated monorail.
（ほとんどの子供たちは高架式のモノレールに乗る
のが好きだ）

mot 〔動かす、動く〕、 motion 〔動作、動くこと〕

□ **commotion** 〔com（一緒に）+ motion（動作）〕
名詞 「騒ぎ」「動揺」「混乱」
▶ The rioters caused a commotion.
（暴徒が騒ぎを起こした）

□ **emotion** 〔e（外に）+ motion（動くこと）〕
名詞 「感情」「感性」

□ **emotional** 〔e（外に）+ motion（動くこと）+ al（形容詞語尾）〕
形容詞「感情的な」
▶ Don't get emotional. You should stay calm.
（感情的になってはいけない。冷静でいるべきだ）

□ **motion** 〔motion（動くこと）〕
名詞 「動き」「動議」
▶ We have to adopt this motion.
（私たちはこの動議を採用すべきです）

□ **motive** 〔mot（動く）+ ive（語尾）〕
名詞 「動機」

□ **motor** 〔mot（動く）+ or（もの）〕
名詞 「モーター」「原動機」
形容詞「発動の」「自動車の」
動詞 「自動車に乗る」

□ **promote** 〔pro（前に）+ mote（動く）〕
動詞 「促進する」「昇進する」
▶ He was promoted to senior vice president last year.
（彼は昨年、上級副社長に昇進した）

□ **promotion** 〔pro（前に）+ motion（動くこと）〕
名詞 「昇進」「宣伝活動」
▶ sales promotion（販売促進）

□ **remote** 〔re（離して）+ mote（動く）〕
形容詞「遠隔の」「遠く離れた」
▶ We used to live in a remote place.
（私たちは昔、遠隔地に住んでいました）

<hr>

mount 〔山、登る、上がる〕

□ **amount** 〔a（～へ）+ mount（登る、達する）〕
名詞 「量」「額」
▶ What's the total amount?
（合計金額はいくらですか？）
動詞 「総計～になる」
▶ The total amounts to $550.
（合計金額は 550 ドルになります）

□ **mount** 〔mount（山）〕
動詞 「（高い所に）登る」「上がる」「乗る」
名詞 「登ること」「上がること」「乗ること」

□ **mountain** 〔フランス語の montagne（山）から〕
名詞 「山」
▶ mountain top（山の頂）

□ **paramount** 〔par（による）+ amont（上の）〕
形容詞「最高の」「最高位の」「卓越した」
▶ This issue is of paramount importance.
（この問題が最も大切です）

M

□ **surmount** 〔sur（上に）+ mount（登る）〕
動詞 「乗り越える」「克服する」
▶ The Noble Prize winner **surmounted** many difficulties.
（そのノーベル賞受賞者は多くの困難を克服した）

□ **tantamount** 〔tant（たくさん）+ amount（〜の額になる）〕
形容詞 「〜に同等で」「等しい」
▶ They had a relationship **tantamount** to marriage.
（彼らは結婚に近い関係を保っていた）

multi 〔多くの、多数の、何倍もの〕

□ **multichannel** 〔multi（多くの）+ channel（チャンネル）〕
形容詞 「多重チャンネルの」

□ **multicolored** 〔multi（多くの）+ colored（色のついた）〕
形容詞 「多色の」「色とりどりの」

□ **multicultural** 〔multi（多くの）+ cultural（文化的な）〕
形容詞 「多文化的な」「多文化の」

□ **multidimensional** 〔multi（多くの）+ dimensional（次元の）〕
形容詞 「多次元の」

□ **multilateral** 〔multi（多くの）+ lateral（側面の）〕
形容詞 「多国間の」「多角的な」
▶ Asian countries signed the **multilateral** trade treaty.
（アジア諸国は多国間貿易協定に署名した）

□ **multimillionaire** 〔multi（多数の）+ millionaire（大金持ち）〕
名詞 「億万長者」

□ **multinational** 〔multi（多くの）+ national（国の）〕
形容詞 「多国籍の」「多国籍企業の」

□ **multiple** 〔multi（多くの）+ ple（倍）〕
形容詞 「多様な」「多数の」

□ **multiple-choice** 〔multiple（多くの）+ choice（選択）〕
名詞 「多肢選択」
形容詞「多肢選択式の」
　　▶ This is a **multiple-choice** test.
　　（これは多肢選択式テストです）

□ **multiply** 〔multi（多くの）+ ply（折り重なる）〕
動詞 「増やす」「掛け算をする」

□ **multipotent** 〔multi（多くの）+ potent（力）〕
形容詞「この上なく強力な」「多能の」

□ **multiracial** 〔multi（多くの）+ racial（民族の、人種の）〕
形容詞「多民族の」

□ **multitasking** 〔multi（多くの）+ tasking（仕事をする）〕
形容詞「マルチタスクの」
　　▶ **Multitasking** skills for businesspeople are
　　indispensable in today's business.
　　（ビジネスパーソンにとって多くの仕事を一度にこ
　　なす能力は今日のビジネスでは欠くことのできな
　　いものである）

□ **multitude** 〔multi（多くの）+ tude（状態）〕
名詞 「群衆」「大勢の人」「多量」

M

neo 〔新しい、近代の〕

☐ **neo-baroque** 〔neo(新)+ baroque(バロックの)〕
形容詞「ネオバロックの」

☐ **neo-Catholic** 〔neo(新)+ Catholic(カトリックの)〕
形容詞「新カトリック派の」

☐ **neoclassical** 〔neo(新)+ classical(古典主義の)〕
形容詞「新古典主義の」「新古典派の」

☐ **neo-colonial** 〔neo(新)+ colonial(植民地主義の)〕
形容詞「新植民地主義の」

☐ **neocolonialism** 〔neo(新)+ colonialism(植民地主義)〕
名詞「新植民地主義」
▶ The emergence of **neocolonialism** should be stopped.
（新植民地主義の台頭は止められるべきだ）

☐ **neoconservatism** 〔neo(新)+ conservatism(保守主義)〕
名詞「新保守主義」

☐ **neo-Gothic** 〔neo(新)+ Gothic(ゴシックの)〕
形容詞「ネオゴシック」

☐ **neoimperialism** 〔neo(新)+ imperialism(帝国主義)〕
名詞「新帝国主義」

☐ **neo-Impressionism** 〔neo(新)+ Impressionism(印象主義)〕
名詞「新印象主義」

☐ **neoism** 〔neo(新)+ ism(学説)〕
名詞「新思想」「革新的な考え」

☐ **Neolithic** 〔neo(新)+ lithic(石質の)〕
名詞「新石器時代」
形容詞「新石器時代の」
▶ the **Neolithic** age/period（新石器時代）

☐ **neo-Latin** 〔neo(近代の)+ Latin(ラテン語の)〕
名詞「近代ラテン語」
形容詞「近代ラテン語の」

□ **neonatal**　〔**neo**（新）+ **natal**（出生の）〕
　　　　　　　形容詞「新生児の」

□ **neo-Nazi**　〔**neo**（新）+ **Nazi**（ナチ主義者）〕
　　　　　　　名詞　「ネオナチ」「新ナチ主義者」

□ **neon**　〔**neo**（新）+ **n**〕
　　　　　　　名詞　「ネオン」〔元素〕
　　　　　　　　　　　▶ **neon** lamp（ネオンランプ、ネオン灯）
　　　　　　　　　　　▶ **neon** light（ネオンライト、ネオン灯）
　　　　　　　形容詞「ネオンを用いた」「派手な」

---

neuro 〔神経、神経の、精神、精神の〕

母音の前では通常 neur- となる。

□ **neural**　〔**neur**（神経）+ **al**（の）〕
　　　　　　　形容詞「神経の」
　　　　　　　　　　　▶ **neural** activity（神経活動）

□ **neuralgia**　〔**neur**（神経）+ **algia**（痛み）〕
　　　　　　　名詞　「神経痛」

□ **neurosis**　〔**neuro**（神経の）+ **sis**（状態）〕
　　　　　　　名詞　「ノイローゼ」「神経症」
　　　　　　　　　　　▶ suffer from **neurosis**（ノイローゼを患う）
　　　　　　　　　　　※複数形は neuroses。

□ **neurotic**　〔**neuro**（神経の）+ **otic**（病にかかった）〕
　　　　　　　形容詞「神経症にかかった」「ノイローゼの」
　　　　　　　　　　　※otic がつく類語に narcotic（麻薬常習者）、hypnotic
　　　　　　　　　　　（催眠術にかかった）等がある。

□ **neuroanatomy**　〔**neuro**（神経）+ **anatomy**（構造）〕
　　　　　　　名詞　「神経解剖学」「神経構造」

□ **neurochemistry**　〔**neuro**（神経）+ **chemistry**（化学）〕
　　　　　　　名詞　「神経化学」

□ **neurohormone**　〔**neuro**（神経）+ **hormone**（ホルモン）〕
　　　　　　　名詞　「神経ホルモン」

□ **neurologist** 〔neuro（神経）+ logist（学者）〕
名詞 「神経学者」「神経科専門医」
※-ologist の異形。末尾が o の語幹に用いられる。

□ **neurology** 〔neuro（神経）+ logy（学）〕
名詞 「神経学」

□ **neuropath** 〔neuro（神経）+ path（病患者、方向）〕
名詞 「神経病患者」

□ **neuropsychiatrist** 〔neuro（神経）+ psychiatrist（精神科医）〕
名詞 「神経精神病医」「精神神経科医」

□ **neuropsychology** 〔neuro（神経）+ psychology（心理学）〕
名詞 「神経心理学」

□ **neuroscience** 〔neuro（神経）+ science（科学）〕
名詞 「神経科学」

□ **neurosurgeon** 〔neuro（神経）+ surgeon（外科医）〕
名詞 「神経外科医」

---

non 〔無、非、不、禁〕

□ **non-alcoholic** 〔non（無）+ alcoholic（アルコール入りの）〕
形容詞 「アルコールを含まない」
▶ You had better only drink non-alcoholic
beverage.
（あなたはアルコールを含まない飲み物だけを飲ん
だほうがいいですよ）

□ **non-caloric** 〔non（無）+ caloric（カロリーのある）〕
形容詞 「カロリーのない」
▶ It is recommended to eat non-caloric food
before a main dish.
（主食の前にカロリーのない食物を摂ることをお勧
めします）

□ **noncommittal** 〔non（非）+ commit（表明する）+ tal（形容詞語尾）〕
形容詞 「曖昧な」「明言を避ける」

□ **non-Christian**	〔non (非) + Christian (キリスト教の)〕	
	形容詞 「非キリスト教の」	

□ **non-event**	〔non (不) + event (出来事)〕	
	名詞 「期待はずれの出来事」	

□ **non-existent**	〔non (無) + existent (存在する)〕	
	名詞 「存在しない人・者」	
	形容詞「存在しない」	

▶ A perfect man is non-existent.
（完璧な人は存在しない）

□ **non-fat**	〔non (無) + fat (脂肪の多い)〕	
	名詞 「脱脂の」「無脂肪の」	

□ **non-ferrous**	〔non (無) + ferrous (鉄の)〕	
	形容詞「非鉄の」「鉄を含まない」	

□ **non-fictional**	〔non (非) + fictional (架空の)〕	
	形容詞「事実に基づく」「ノンフィクションの」	

□ **non-issue**	〔non (無) + issue (問題点)〕	
	名詞 「どうでもいいこと」「取るに足らない問題」	

□ **non-profit**	〔non (非) + profit (利益)〕	
	名詞 「非営利」	
	形容詞「非営利の」	

▶ non-profit organization （非営利組織）
▶ They founded a non-profit organization.
（彼らは非営利協会を設立した）

□ **nonsense**	〔non (無) + sense (知覚)〕	
	名詞 「ばかげたこと」「無意味なこと」	

□ **non-slip**	〔non (不) + slip (滑る)〕	
	形容詞「滑らない」	

□ **non-smoking**	〔non (無) + smoking (喫煙)〕	
	形容詞「禁煙の」	

▶ The entire building is non-smoking.
（このビル全体が禁煙です）

□ **non-standard**	〔non (非) + standard (標準)〕	
	形容詞「非標準的な」「非標準の」	

173

O

ob 〔上に、逆に、反対の、暗い〕

□ **obey**　〔ob（上に）+ ey（聞く）〕
動詞　「従う」「人の言うことを聞く」
▶ All the employees must obey the company policy.
（全ての従業員は会社の方針に従わなければならない）

□ **obedient**　〔ob（上に）+ edient（従う）〕
形容詞「従順な」「服従する」
▶ an obedient dog（従順な犬）
▶ be obedient to the law（法律に従う）

□ **oblige**　〔ob（上に）+ lige（縛る）〕
動詞　「義務づける」「強いる」「恩義を施す」
▶ My husband's job obliges him to work overtime and on weekends.
（夫の仕事は残業と週末勤務を義務づけています）

□ **obligation**　〔ob（上に）+ liga（縛る）+ tion（名詞語尾）〕
名詞　「義務」「責任」「恩義」
▶ Both parties must fulfill their obligations under the contract.
（両者は契約義務を果たさなければならない）

□ **obscure**　〔ob（暗い）+ scure（隠す）〕
形容詞「世に知られていない」「無名の」「よく見えない」
▶ She is an obscure actor from Belgium.
（彼女はベルギーから来た無名の女優です）

□ **obsolete**　〔ob（反対の）+ solete（慣れる）〕
形容詞「廃れた」「時代遅れの」
※「使わなくなった」が原義。
▶ the disposal of old and obsolete machinery
（古くて、時代遅れの機械の処分）

□ **obstacle**　〔ob（反対の）+ stacle（立つ）〕
名詞　「障害物」「妨害物」

□ **obstinate**	〔**ob**（反対の）+ **stinate**（立つ）〕
	形容詞「頑固な」「意固地な」
	▶ **obstinate** resistance（頑強な抵抗）

□ **obstruct**	〔**ob**（逆に）+ **struct**（築く）〕
	動詞「遮る」「妨げる」「妨害する」
	▶ The disabled truck **obstructed** the flow of the traffic.
	（故障したトラックが車の流れを妨げていた）

□ **obverse**	〔**ob**（逆に）+ **verse**（向く）〕
	名詞「表」「対応物」「補完物」
	形容詞「相対する」
	※反対語 reverse
	▶ On the **obverse** of each coin is its value.
	（それぞれのコインの表にその価値がのっています）

| □ **obviate** | 〔**ob**（反対の）+ **viate**（道経由で）〕 |
| | 動詞「取り除く」「未然に防ぐ」 |

□ **obvious**	〔**ob**（上に）+ **vious**（準備できた）〕
	形容詞「明らかな」「明白な」
	▶ It was **obvious** that things were not working out well in the office.
	（事務所内で物事が順調に行っていないことは明らかだった）

o

□ **obviously**	〔**ob**（上に）+ **vious**（準備できた）+ **ly**（副詞語尾）〕
	副詞「明らかに」「はっきりと」
	▶ His answer was **obviously** wrong.
	（彼の返事は明らかに間違っていた）

oc 〔～に〕

| □ **occasion** | 〔**oc**（～に）+ **cas**（落ちる）+ **ion**（こと）〕 |
| | 名詞「場合」「好機」「機会」 |

| □ **occasional** | 〔**occasion**（場合）+ **al**（～な）〕 |
| | 形容詞「時折の」 |

175

□ **occasionally** 〔occasion（場合）+ ally（副詞語尾）〕
副詞 「時折」

oct 〔8〕

□ **octal** 〔oct（8）+ al（形容詞語尾）〕
形容詞「八進法の」
▶ octal number（八進法）

□ **octagon** 〔oct（8）+ agon（角形）〕
名詞 「八角形」

□ **October** 〔oct（8）+ ober（形容詞語尾から）〕
名詞 「10 月」
※古代ローマ暦は 3 月から始まるので。

□ **octopus** 〔octo（8）+ pus（足）〕
名詞 「タコ」
▶ Many white American women are hesitant
about eating an octopus.
（多くの白人アメリカ人女性はタコを食べるのを躊
躇する）

op 〔反対の、対して〕

□ **oppose** 〔op（反対の）+ pose（置く）〕
動詞 「〜に反対する」「〜と争う」
▶ oppose a bill（議案に反対する）
▶ oppose the enemy（敵と戦う）

□ **opposite** 〔op（反対の）+ posite（過去完了形語尾から）〕
形容詞「正反対の」「向かい側の」
前置詞「〜の向かい側に」

□ **opposition** 〔op（反対の）+ position（立場）〕
名詞 「反対」「敵」「対立」

□ **opponent**　〔op（反対の）+ ponent（置く）〕
　　　　　　　　名詞　「敵対者」「反対者」
　　　　　　　　形容詞「対立する」「敵対する」
　　　　　　　　　　▶ on the opponent bank（向こう岸に）
　　　　　　　　　　▶ Our baseball team barely beat the strong
　　　　　　　　　　　 opponent.
　　　　　　　　　　　（我々の野球チームが強敵をかろうじて破った）

---

ori　〔向かう、東に向かう、上がる〕

□ **orient**　〔orient（東に向かう）〕
　　　　　　　動詞　「適応させる」「方向づける」
　　　　　　　　　▶ The author oriented the text toward college
　　　　　　　　　　students.
　　　　　　　　　　（著者は大学生向けのテキストを執筆した）
　　　　　　　　名詞　「東洋」
　　　　　　　　　▶ the Orient（東洋）　※ the が付く。
　　　　　　　　形容詞「東の」「東洋の」

□ **disorient**　〔dis（反対の）+ orient（方向に向かう）〕
　　　　　　　　動詞　「方向感覚を失う」「まごつかせる」

□ **oriental**　〔orient（東洋）+ al（〜の）〕
　　　　　　　　形容詞「東洋の」「東洋人の」
　　　　　　　　　▶ oriental art（東洋のアート）
　　　　　　　　　▶ Oriental cat's-eye（東洋の猫目石）
　　　　　　　　　▶ Oriental rug（東洋絨毯）
　　　　　　　　　　※Oriental carpet より小型の高級絨毯。
　　　　　　　　　▶ oriental hawk owl（オナガフクロウ）
　　　　　　　　　▶ oriental pearl（天然真珠）
　　　　　　　　　▶ I like oriental food very much.
　　　　　　　　　　（私は東洋の食べ物がとても好きです）

□ **orientate**　〔orient（向かう）+ ate（する）〕
　　　　　　　　動詞　「方向づける」「方向を合わせる」
　　　　　　　　　▶ This university offers a program that helps to
　　　　　　　　　　orientate new students.
　　　　　　　　　　（この大学では、新入生の方向づけを助けるプログ
　　　　　　　　　　ラムを提供している）

□ **orientation** 〔orient（向かう）+ ation（行動）〕
名詞 「オリエンテーション」「方向づけ」
▶ All our new hires should get three weeks of orientation class.
（我が社の全新入社員は 3 週間のオリエンテーションのクラスを受けなければならない）

□ **orienteering** 〔orient（向かう）+ eering（名詞語尾）〕
名詞 「オリエンテーリング」

out 〔外の、外へ、外から、外で〕

□ **outboard** 〔out（外の）+ board（舷）〕
形容詞 「船外の」
▶ They bought a boat with an outboard motor.
（彼らは船外モーター付きの船を購入した）

□ **out-box** 〔out（外の）+ box（箱）〕
名詞 「処理済の書類トレー」
※反対語は in-box（未処理の書類トレー）
▶ Please clear documents from the out-box.
（処理済の書類トレーから書類を取り出してください）

□ **outbuilding** 〔out（外の）+ building（建物）〕
名詞 「離れ」「離れ家」

□ **outcast** 〔out（外へ）+ cast（捨てた）〕
形容詞 「見捨てられた」「のけ者にされた」
▶ The old woman was outcast.
（その老婦人は家族から見捨てられた人だった）
名詞 「（社会／家族から）見捨てられた人」
▶ The old man was a social outcast.
（その老人は社会から追放された人だった）

□ **outcry** 〔out（外へ）+ cry（叫び）〕
名詞 「叫び」「絶叫」

□ **outdoor** 〔out（外の）+ door（ドア）〕
形容詞「戸外の」「屋外の」
▶ My wife likes outdoor sports.
（私の妻は戸外で行うスポーツが好きです）

□ **outdoors** 〔out（外へ）+ doors（ドア）〕
副詞 「戸外で」「屋外で」
▶ Their kids were told to play outdoors.
（彼らの子供は戸外で遊ぶように言われた）
名詞 「戸外」（the ～）

□ **outfield** 〔out（外の）+ field（野原）〕
名詞 「外野」

□ **outfielder** 〔out（外の）+ field（野原）+ er（人）〕
名詞 「外野手」
▶ He was selected as the best outfielder.
（彼は最高の外野手として選ばれた）

□ **outgoing** 〔out（外へ）+ going（行く）〕
形容詞「外向型の」「社交的な」
▶ She is outgoing.（彼女は外向的だ）

□ **outing** 〔out（外へ）+ ing（名詞語尾）〕
名詞 「外出」「遠足」

O

□ **outlandish** 〔outland（外国）+ ish（特徴のある）〕
形容詞「外国風の」「異国風の」

□ **outlaw** 〔out（外の）+ law（法律）〕
名詞 「無法者」

□ **outlet** 〔out（外へ）+ let（動かす）〕
名詞 「出口」「アウトレット」「直売店」
▶ We go to a nearby factory outlet once a month.
（私たちは最寄りのメーカー直売店に月に1回行き
ます）

□ **outline** 〔out（外の）+ line（線）〕
名詞 「アウトライン」「概要」

□ **outlook** 〔out（外へ）+ look（見る）〕
名詞 「見解」「見通し」「見晴らし」

□ **outpost**　〔out（外へ）+ post（地位）〕
　　　　　　名詞　「開拓地」「前哨地」「末端」

□ **output**　〔out（外へ）+ put（置く）〕
　　　　　　名詞　「生産（高）」「産出（量）」
　　　　　　　　▶ We should increase our current production
　　　　　　　　　output by 20% in three months.
　　　　　　　　　（我々は 3 ヶ月以内に現在の生産高を 20%上げな
　　　　　　　　　ければならない）

□ **outward**　〔out（外に）+ ward（向かう）〕
　　　　　　形容詞「外側の」「国外への」
　　　　　　名詞　「外」「外側」

out 〔より以上に、長く、～をしのぐ〕

□ **outdo**　〔out（より以上に）+ do（行う）〕
　　　　　　動詞　「打ち勝つ」「～に勝る」

□ **outgrow**　〔out（より以上に）+ grow（成長する）〕
　　　　　　動詞　「～より大きく成長する」
　　　　　　　　▶ Our international business outgrew our
　　　　　　　　　domestic business last year.
　　　　　　　　　（昨年、我が社の国際ビジネスは国内ビジネスを越
　　　　　　　　　えた）

□ **outpace**　〔out（より以上に）+ pace（歩調）〕
　　　　　　動詞　「～を追い越す」「～に勝る」「～より足が速い」
　　　　　　　　▶ Our growth in the Chinese car market is
　　　　　　　　　outpacing the rest of the world.
　　　　　　　　　（我々の中国の車市場の成長は、世界のどの部分よ
　　　　　　　　　りも勝っている）

□ **outreach**　〔out（より以上に）+ reach（到達する）〕
　　　　　　動詞　「～の先まで達する」

□ **outrun**　〔out（より以上に）+ run（走る）〕
　　　　　　動詞　「～より速く走る」

□ **outshine**　〔out（より以上に）+ shine（輝く）〕
　　　　　　動詞　「～より強く輝く」「～より強く光る」

☐ **outsize**　〔out（より以上に）+ size（サイズ）〕
　　　　　　　形容詞「特大の」「標準外サイズの」

☐ **outsmart**　〔out（より以上に）+ smart（賢い）〕
　　　　　　　動詞　「～より頭が良い」「～を出し抜く」

☐ **outwear**　〔out（より以上に）+ wear（着る）〕
　　　　　　　動詞　「～より長持ちする」「～を使い尽くす」
　　　　　　　▶ Sturdy military clothing might **outwear** you.
　　　　　　　（丈夫な軍服はあなたより長持ちするかもしれない）

☐ **outweigh**　〔out（より以上に）+ weigh（重さがある）〕
　　　　　　　動詞　「～より重い」「～より上回る」

☐ **outwit**　〔out（より以上に）+ wit（賢い）〕
　　　　　　　動詞　「～を出し抜く」

over 〔超す、過度に、過度な、上に、超える〕

☐ **over-50s**　〔over（超す）+ 50s（50 代）〕
　　　　　　　名詞　「50 歳を超えた人たち」

☐ **overachieve**　〔over（超す）+ achieve（成し遂げる）〕
　　　　　　　動詞　「能力以上の成績を上げる」

☐ **overact**　〔over（過度な）+ act（行動する）〕
　　　　　　　動詞　「やり過ぎる」

☐ **overambitious**　〔over（過度な）+ ambitious（野心のある）〕
　　　　　　　形容詞「野心過剰な」

☐ **overbid**　〔over（超す）+ bid（値を付ける）〕
　　　　　　　動詞　「より高い値を付ける」
　　　　　　　※outbid も同じ意味。

□ **overbook** 〔over（過度に）+ book（予約する）〕
　　　　　　　動詞　「定員以上の予約を受け付ける」
　　　　　　　　▶ Airlines tend to overbook each flight in anticipation that some passengers will not show.
　　　　　　　　（航空会社は、何人かの乗客が来ないことを予測して、定員以上の予約を受け付けがちである）

□ **overbooking** 〔over（過度に）+ booking（予約）〕
　　　　　　　名詞　「定員以上の予約受付」

□ **overcareful** 〔over（過度に）+ careful（注意する）〕
　　　　　　　形容詞「取り越し苦労の」

□ **overcast** 〔over（上に）+ cast（視線を投じる）〕
　　　　　　　形容詞「一面に曇った」「雲で覆われた」
　　　　　　　動詞　「雲で覆い隠す」「雲で覆う」
　　　　　　　　▶ Tomorrow morning will be overcast.
　　　　　　　　（明日の午前中は全体に雲が覆うでしょう）

□ **overcoat** 〔over（上の）+ coat（上着）〕
　　　　　　　名詞　「オーバーコート」
　　　　　　　　▶ Snow is in the forecast this evening, so you had better bring your overcoat with you.
　　　　　　　　（今晩、雪が予想されています、だからオーバーコートを持って行ったほうがいいですよ）

□ **overcome** 〔over（超える）+ come（進む）〕
　　　　　　　動詞　「乗り越える」「〜に打ち勝つ」

□ **overcook** 〔over（過度に）+ cook（料理する）〕
　　　　　　　動詞　「煮すぎる」「焼きすぎる」

□ **overdose** 〔over（過度に）+ dose（薬物を投与する）〕
　　　　　　　動詞　「〜に薬を過剰投与する」
　　　　　　　　▶ The suspect was overdosed on cocaine.
　　　　　　　　（容疑者はコカインを過剰投与されていた）

□ **overdraw** 〔over（過度に）+ draw（引く）〕
　　　　　　　動詞　「超過引き出しする」

□ **overeat** 〔over（過度に）+ eat（食べる）〕
　　　　　　　動詞　「食べすぎる」

□ **overestimate** 〔**over**（上に）+ **estimate**（見積もる）〕
動詞 「過大評価する」
※反対語は underestimate（過小評価する）
例 Don't **underestimate** what you can achieve in ten minutes.
（10分間で成し遂げられることを過小評価してはいけない）

□ **overflow** 〔**over**（上に）+ **flow**（流れる）〕
動詞 「あふれる」「あふれ出る」
名詞 「あふれ出ること」「洪水」

□ **overground** 〔**over**（上に）+ **ground**（地上）〕
形容詞 「地上の」「公然の」

□ **overhand** 〔**over**（上に）+ **hand**（手）〕
形容詞 「オーバーハンドの」「上手投げの」
▶ an **overhand** tennis stroke
（オーバーハンドのテニス・ストローク）

□ **overhang** 〔**over**（上に）+ **hang**（かかる）〕
動詞 「〜の上にかかる」「差し迫る」
▶ A cliff **overhangs** the trail.
（崖が小道の上にかかっている）
名詞 「張り出し」

□ **overhaul** 〔**over**（上に）+ **haul**（引く）〕
※「仕掛けを緩めてロープを外す」が原義。
動詞 「分解修理する」「オーバーホールする」
▶ The mechanic **overhauled** my car's engine.
（その修理工が私の車のエンジンをオーバーホールした）
名詞 「分解点検」「総点検」

□ **overhead** 〔**over**（上に）+ **head**（頭）〕
形容詞 「頭上の」
▶ an **overhead** projector
（オーバーヘッド・プロジェクター）
副詞 「頭上に」
▶ A flock of swans were flying **overhead**.
（白鳥の群れが頭上を飛んでいた）

o

O

☐ **overhear** 〔over（上に）+ hear（聞く）〕
動詞 「偶然に聞く」「立ち聞きする」
▶ I overheard a rumor about you.
（私はあなたについての噂を偶然聞きました）

☐ **overheat** 〔over（過度に）+ heat（熱する）〕
動詞 「熱しすぎる」「加熱する」
名詞 「オーバーヒート」

☐ **overjoy** 〔over（過度に）+ joy（喜び）〕
動詞 「大いに喜ばせる」

☐ **overjoyed** 〔over（過度に）+ joyed（喜んだ）〕
形容詞 「大喜びの」

☐ **overlook** 〔over（超えて）+ look（見る）〕
動詞 「見逃す」「見落とす」「見渡す」
▶ Be sure not to overlook typos in the final draft.
（最終原稿の誤植を見逃さないように十分注意して
ください）

☐ **overnight** 〔over（超す）+ night（夜）〕
形容詞 「夜通しの」「夜行の」
▶ I took an overnight train to Chicago.
（私は夜行列車でシカゴへ行った）
副詞 「夜通し」「一晩中」

☐ **overpay** 〔over（超えて）+ pay（払う）〕
動詞 「余計に払う」「必要以上に払う」
▶ I had to overpay for my car.
（車に法外な値段を支払わざるを得なかった）
▶ The company tends to overpay upper
management.
（その会社は上級管理職に対して、給料を支払いす
ぎる嫌いがある）

☐ **overpower** 〔over（超える）+ power（力）〕
動詞 「打ち勝つ」「征服する」

☐ **overprice** 〔over（過度に）+ price（値段）〕
動詞 「～に過度な高値を付ける」

□ **overpriced**	〔**over**（過度に）+ **priced**（値段の付いた）〕 形容詞 「高すぎる」「過度に高い値段の付いた」 ▶ Everything in the store is very much **overpriced**. （その店にある全てに、とても高い値段が付いていた）
□ **override**	〔**over**（超える）+ **ride**（乗る）〕 動詞 「乗り越える」「踏みつぶす」「覆す」 ▶ Their president **overrode** the new project plans. （社長が新プロジェクト計画を覆した）
□ **overrule**	〔**over**（超える）+ **rule**（規範）〕 動詞 「却下する」「圧倒する」
□ **overrun**	〔**over**（超える）+ **run**（走る）〕 動詞 「侵略する」「走りすぎる」
□ **oversimplify**	〔**over**（過度に）+ **simplify**（単純にする）〕 動詞 「単純化しすぎる」「あまりにも簡単に扱う」 ▶ You should not **oversimplify** this complicated issue. （あなたはこの複雑な問題を単純化しすぎてはいけない）
□ **oversight**	〔**over**（超す）+ **sight**（目撃）〕 名詞 「見過ごし」「見落とし」
□ **oversleep**	〔**over**（超す）+ **sleep**（眠る）〕 動詞 「寝過ごす」 ▶ I set the alarm clock not to **oversleep**. （私は寝過ごさないように目覚まし時計をセットした）
□ **overtime**	〔**over**（越す）+ **time**（時間）〕 名詞 「時間外労働」「残業」 ▶ I worked three hours of **overtime** last night. （私は昨晩 3 時間、残業した） 形容詞「時間外労働の」 副詞 「時間外に」

O

□ **overview** 〔over（超す）+ view（所見）〕
名詞 「概観」「概要」「要約」
▶ Please give us an overview of the quality issue.
（この品質問題の概要を説明してください）

□ **overweight** 〔over（過度に）+ weight（重さ）〕
形容詞「太り過ぎの」
動詞 「負担をかけ過ぎる」

□ **overwhelming** 〔over（過度に）+ whelming（圧倒する）〕
形容詞「圧倒的な」
▶ The governor was elected by an
overwhelming majority.
（知事は圧倒的大多数で当選した）

□ **overwork** 〔over（過度に）+ work（働く）〕
動詞 「過度に働かせる」

□ **overworked** 〔over（過度に）+ worked（働いた）〕
形容詞「働き過ぎる」
▶ He complains that he's overworked and
underpaid.
（彼は、働き過ぎで、賃金が安すぎると文句を言っ
ている）

part 〔部分、分かれる〕

☐ **apart**
〔a（〜へ）+ part（部分）〕
副詞 「離れて」
▶ He lives apart from his family.
（彼は家族から離れて住んでいる）

☐ **apartment**
〔apart（離れて）+ ment（もの、場所の名詞化）〕
名詞 「アパート」
▶ a seven-story apartment（7 階建てのアパート）

☐ **depart**
〔de（離れて）+ part（部分）〕
動詞 「出発する」

☐ **departure**
〔de（離れて）+ part（部分）+ ure（名詞語尾）〕
名詞 「出発」

☐ **department**
〔de（分離）+ part（部分）+ ment（場所の名詞化）〕
名詞 「部」「部門」
▶ the shipping department（発送部門）

☐ **part**
〔part（部分）〕
名詞 「部分」「一部」「要素」
▶ I'll cut the cake into four parts.
（私がケーキを 4 等分に切りましょう）
▶ Puerto Rico will be a part of America in the near future.
（近い将来、プエルトリコはアメリカの一部になるだろう）

☐ **partly**
〔part（部分）+ ly（副詞語尾）〕
副詞 「部分的に」
▶ The project failed partly because of a lack of funds.
（そのプロジェクトは部分的には資金不足で失敗した）

□ **partial** 〔part（部分）+ ial（に関する）〕
形容詞「部分的な」「不公平な」
▶ The partial ban on immigration on overseas tourists has been lifted.
（海外旅行者に対する部分的な入国禁止令は解除された）

□ **impartial** 〔im（無）+ partial（不公平な）〕
形容詞「偏らない」「公平な」

□ **partially** 〔partial（部分的な）+ ly（副詞語尾）〕
副詞「部分的に」「不公平に」
▶ Your answer is partially correct.
（あなたの答えは部分的に正解である）

□ **participate** 〔part（部分）+ cip（取る）+ ate（する）〕
動詞「参加する」
▶ You should participate the seminar.
（あなたはそのセミナーに参加したほうがよい）

□ **participant** 〔part（部分）+ cip（取る）+ ant（名詞語尾）〕
名詞「参加者」
▶ They were highly active participants in the project.
（彼らはそのプロジェクトのとても積極的な参加者だった）

□ **participation** 〔part（部分）+ cip（取る）+ tion（名詞語尾）〕
名詞「参加」
▶ Participation in the retirement plan is voluntary.
（退職制度への参加は任意である）

□ **particle** 〔parti（部分）+ cle（小さい）〕
名詞「粒」「粒子」
▶ There is not a particle of evidence to support the president's claim.
（その大統領のクレームには、証拠のかけらもない）

□ **particular** 〔particle（小さな部分）+ ar（関する）〕
形容詞「特定の」「特別な」

□ **particularly** 〔particular（特別な）+ ly（副詞語尾）〕
副詞 「特に」「特別に」
▶ Pay particularly close attention to what the key-note speaker say.
（基調演説者が言うことに特別に注意を払って聞きなさい）

□ **part-time** 〔part（部分）+ time（時間）〕
形容詞 「パートタイムの」
▶ a part-time employee（パートの従業員）
副詞 「パートタイムで」
▶ I work part-time.
（私はパートタイムで働いている）

□ **partner** 〔part（部分）+ ner（相続人）〕
名詞 「パートナー」「配偶者」「事実婚の相手」「相棒」
▶ This is my partner.
（こちらは私の配偶者です）

□ **party** 〔part（部分）+ y（集合体）〕
名詞 「パーティー」「集まり」「隊」「党」
▶ We'll have a party this weekend.
（私たちは今週末にパーティーをします）

ped, pedi, pedo 〔足〕

□ **pedant** 〔ped（教師）+ ant（する人）〕
名詞 「学者ぶる人」「空論家」※ schoolmaster から

□ **pedantic** 〔pedant（教師）+ ic（のような）〕
形容詞「学者ぶった」「もの知り顔の」

□ **pedantry** 〔pedant（教師）+ ry（人の性質）〕
名詞 「学者ぶること」

□ **pedal** 〔ped（足）+ al（に関する）〕
名詞 「ペダル」
動詞 「～のペダルを踏む」

□ **peddler** 〔pedd（バスケット）+ ler（する人）〕
名詞 「行商人」

□ **pedestal** 〔ped（足）+ stal（仕切りになった物）〕
名詞 「台座」「台石」「柱脚」
▶ This bronze statue on the pedestal depicts the founder of this company.
（台座に乗ったこの青銅の像はこの会社の創始者を描いている）

□ **pedestrian** 〔pedest（足で行く）+ ian（人）〕
名詞 「歩行者」「競歩者」
▶ pedestrian bridge（横断歩道橋）
▶ pedestrian crossing（横断歩道）
※（米）crosswalk
▶ pedestrian precinct/mall（歩行者天国）
▶ It is dangerous to walk the outside of pedestrian crossings.
（横断歩道の外側を歩くのは危険である）

□ **pedigree** 〔pie de grue（血統図を表すツルの足）から〕
名詞 「系図」「家系」「血統書」
形容詞「血統書付きの」
▶ Our family keeps a pedigree dog.
（私たち家族は血統書付きの犬を飼っている）

□ **pedometer** 〔pedo（足）+ meter（計量器）〕
名詞 「万歩計」

□ **pedway** 〔ped（足）+ way（道）〕
名詞 「歩行者専用道路」

□ **pediatric** 〔pedia（子供の）+ tric（医療に関する）〕
形容詞「小児科の」

□ **pediatrician** 〔pedia（子供の）+ trician（人）〕
名詞 「小児科医」

pel 〔駆り立てる、追い立てる、追う〕、 **pulse** 〔追う〕

□ **compel** 〔com（一緒に）+ pel（駆り立てる）〕
動詞 「無理に〜させる」

□ **dispel**　　　〔dis（反対に）+ pel（追い立てる）〕
　　　　　　　　動詞　「追い払う」「ぬぐい去る」「除く」

□ **expel**　　　〔ex（外へ）+ pel（追い立てる）〕
　　　　　　　　動詞　「追い出す」
　　　　　　　　　　▶ The bad student was **expelled** from school.
　　　　　　　　　　（その悪い生徒は退学させられた）

□ **expulsion**　　〔ex（外へ）+ puls（追う）+ ion（名詞語尾）〕
　　　　　　　　名詞　「退学」「追放」

□ **impel**　　　〔im（中に）+ pel（駆り立てる）〕
　　　　　　　　動詞　「促す」「無理に〜させる」
　　　　　　　　　　▶ You should sometimes **impel** angry feelings.
　　　　　　　　　　（怒りの感情を時々は発散すべきです）

□ **propel**　　　〔pro（前に）+ pel（追い立てる）〕
　　　　　　　　動詞　「推進する」「駆り立てる」
　　　　　　　　　　▶ Nuclear power **propels** this submarine.
　　　　　　　　　　（この潜水艦は原子力で動いています）

□ **propeller**　　〔propel（駆り立てる）+ ler（もの）〕
　　　　　　　　名詞　「プロペラ」

□ **repel**　　　〔re（反対）+ pel（追う）〕
　　　　　　　　動詞　「追い払う」

P

pend, pendu 〔ぶら下がる、未決定の〕

□ **pending**　　　〔フランス語の pendant（ぶら下がる）から〕
　　　　　　　　形容詞「未決の」「懸案の」
　　　　　　　　　　▶ We have two **pending** issues.
　　　　　　　　　　（私たちは2つの未決問題を抱えている）

□ **pendant**　　　〔pend（ぶら下がる）+ ant（性質のある）〕
　　　　　　　　名詞　「ペンダント」
　　　　　　　　　　▶ a heart-shaped **pendant**（ハート形のペンダント）

□ **pendent**　　　〔pend（ぶら下がる）+ ent（形容詞語尾）〕
　　　　　　　　形容詞「垂れ下がっている」
　　　　　　　　　　▶ a **pendent** lamp（吊りランプ）

□ **pendulous** 〔pendu（ぶら下がる）+ lous（特徴を有する）〕
形容詞 「吊り下がった」
▶ pendulous branches（吊り下がった枝）

□ **pendulum** 〔ラテン語の pendulus（ぶら下がる）から〕
名詞 「振り子」「心の定まらない人」「シャンデリア」

pens 〔支払う、測る、量る〕

□ **compensate** 〔com（一緒に）+ pens（測る）+ ate（する）〕
動詞 「償う」「支払う」
▶ In this traffic accident, you have to compensate to pay their medical bills.
（この交通事故では、あなたは彼らの医療費を支払わなければなりません）

□ **compensation** 〔com（一緒に）+ pens（測る）+ ation（名詞語尾）〕
名詞 「賠償金」
▶ compensation for damages（損害賠償）
▶ compensation for removal（立退料）

□ **dispensable** 〔dis（反対に）+ pens（払う）+ able（できる）〕
形容詞 「なくても済む」「不要の」
▶ Some employees are made dispensable.
（ある従業員たちは不要とのレッテルを張られた）

□ **indispensable** 〔in（無）+ dispensable（不要の）〕
形容詞 「必要な」「欠かせない」「不可欠の」
▶ This software is indispensable to manipulate image data.
（このソフトウエアはイメージ・データを扱うためには不可欠です）

□ **dispense** 〔dis（別々に）+ pense（量る）〕
動詞 「供給する」「分配する」
▶ The community dispensed food and clothing to the typhoon victims.
（その地域社会は台風被害者に食物と衣服を供給した）

□ **expense** 〔ex（外に）+ pense（払う）〕
名詞 「費用」
▶ Advance travel **expense** is provided to each
employee.
（出張旅費の前払い金がそれぞれの社員に提供され
る）

□ **expensive** 〔ex（外に）+ pense（払う）+ ive（形容詞語尾）〕
形容詞「費用が高い」

□ **pension** 〔pens（払う）+ ion（名詞語尾）〕
名詞 「年金」「手当」
▶ old-age **pension**（老齢年金）
▶ My father retired on a **pension** last year.
（私の父は昨年、年金をもらって退職した）
▶ You'll receive a monthly **pension** of $2,000
from this company.
（あなたはこの会社から月々 2000 ドルの年金を受
け取ります）

□ **recompense** 〔re（後ろ）+ com（一緒に）+ pense（払う）〕
動詞 「〜に報いる」
名詞 「返報」

penta 〔5〕

□ **pentacle** 〔penta（5）+ cle（名詞語尾）〕
名詞 「星形五角形」

□ **pentagon** 〔penta（5）+ gon（角形）〕
名詞 「五角形」「ペンタゴン」
▶ The headquarters of the US Department of
Defense is called the **Pentagon**.
（アメリカの国防省本部はペンタゴンと呼ばれてい
る）

□ **pentathlon** 〔penta（5）+ thlon（試合）〕
名詞 「五種競技」

per 〔通して、完全に、投げる〕

☐ **percolate** 〔per（通して）+ colate（濾過する）〕
動詞 「染み出る」「（パーコレーターの中から）コーヒーが
出る」「濾過する」
▶ I like percolated coffee.
（私はパーコレーターで淹れたコーヒーが好きだ）

☐ **percolator** 〔per（通して）+ colator（濾過するもの）〕
名詞 「パーコレーター」「濾過器」

☐ **perdition** 〔per（投げる）+ dition（捨てる）〕
名詞 「精神的な破壊」

☐ **perfect** 〔per（完全に）+ fect（する）〕
形容詞「完全な」「完璧な」
▶ This solution may not be perfect, but it'll help
solve the issue.
（この解決策は完璧ではないかもしれないが、問題
を解決するのに役立つだろう）

☐ **perforate** 〔ラテン語「穴を貫く」から〕
動詞 「～に穴を空ける」

☐ **perforation** 〔ラテン語「穴を貫くこと」から〕
名詞 「穴を空けること」「フィルムの送り穴」

☐ **perish** 〔per（完全に）+ ire（ラテン語「行くこと」）〕
動詞 「死ぬ」「滅びる」

☐ **perplex** 〔per（通して）+ plex（編む）〕
動詞 「困惑させる」
▶ My boss's comment sometimes perplexes me.
（上司のコメントは、ときどき私を困惑させる）

☐ **persist** 〔per（通して）+ sist（しっかり立つ）〕
動詞 「続ける」「固執する」
▶ The reporter persisted with his questioning.
（そのレポーターは質問をし続けた）

□ **persistent** 〔per（通して）+ sist（しっかり立つ）+ ent（形容詞語尾）〕
形容詞「固執する」

▶ **Persistent** rumors that the business is for sale
have alarmed the workers.
（会社が売りに出されるという度重なる噂は労働者
たちを不安にさせた）

□ **persuade** 〔per（完全に）+ suade（助言する）〕
動詞 「説得する」

▶ They **persuaded** us that we were wrong.
（彼らは私たちが間違っていると説得した）

□ **perturb** 〔per（完全に）+ turb（乱す）〕
動詞 「～の心を騒がせる」「狼狽させる」

□ **pervade** 〔per（全て）+ vade（行く）〕
動詞 「～一面に広がる」

□ **pervert** 〔per（完全に）+ vert（回す）〕
動詞 「誤らせる」「誤用する」

□ **perverted** 〔per（完全に）+ verted（回った）〕
形容詞「変態の」

phone 〔音、音色〕

P

□ **gramophone** 〔phonogram の転換から〕
名詞 「蓄音機」 ※普通は record player と呼ぶ。

※参考
日本では「インターフォン（interphone）」が使わ
れていますが、英語では intercom（内線電話、イ
ンターコム）が使われます。

例 She heard her name called on the **intercom**.
（彼女は自分の名前がインターコムで呼び出さ
れるのを聞いた）

□ **megaphone** 〔mega（大きい）+ phone（音）〕
名詞 「メガフォン」
動詞 「メガフォンで呼びかける」

□ **microphone** 〔micro（極小の）+ phone（音）〕
名詞 「マイクロフォン」

□ **speakerphone** 〔speaker（スピーカー）+ phone（音）〕
名詞 「スピーカーフォン」
▶ Please put him on speakerphone.
（彼をスピーカーフォンで話させてください）

photo 〔光、写真〕

□ **photochemical** 〔photo（光）+ chemical（化学の）〕
形容詞「光化学の」

□ **photocopier** 〔photo（光）+ copier（コピーするもの）〕
名詞 「コピー機」
※copier, copying machine とも言う。
▶ This photocopier is capable of making 30
copies per minute.
（このコピー機は 1 分に 30 枚コピーする能力があ
る）

□ **photocopy** 〔photo（光）+ copy（コピー）〕
名詞 「フォトコピー」「写真複写」
▶ Please submit a photocopy of your driver's
license.
（運転免許証のフォトコピーを提出してください）
動詞 「写真複写する」

□ **photo-essay** 〔photo（写真）+ essay（エッセイ）〕
名詞 「フォトエッセイ」

□ **photo finish** 〔photo（写真）+ finish（終える）〕
名詞 「写真判定」
▶ A photo finish was needed to decide the
winning horse.
（勝ち馬を決めるために写真判定が必要だった）

□ **photogenic** 〔photo（写真）+ genic（～に適した）〕
形容詞「写真写りの良い」「光を生じる」

□ **photograph**　〔photo（光）+ graph（書くこと）〕
名詞　「写真」　※略 photo

□ **photographer**　〔photograph（写真）+ er（人）〕
名詞　「写真家」「カメラマン」
　　　※cameraman は「動画の写真家」のこと。

□ **photographic**　〔photograph（写真）+ ic（〜の）〕
形容詞「写真の」
　　　▶ photographic paper（印画紙）

□ **photography**　〔photograph（写真）+ y（名詞を表す接尾辞）〕
名詞　「写真術」「写真撮影」

□ **photo ID**　〔photo（写真）+ ID（身元確認）〕
名詞　「写真付き身分証明書」
　　　▶ Please show me two photo IDs.
　　　（2 種類の写真付き身分証明書をお見せください）

□ **photojournalism**　〔photo（写真）+ journalism（ジャーナリズム）〕
名詞　「フォトジャーナリズム」

□ **photojournalist**　〔photo（写真）+ journalist（ジャーナリスト）〕
名詞　「フォトジャーナリスト」

□ **photomap**　〔photo（写真）+ map（地図）〕
名詞　「写真地図」

P

ple, plex　〔たたむ、折る、ひだ〕

□ **complex**　〔com（一緒に）+ plex（たたむ）〕
形容詞「複雑な」
動詞　「複雑にする」

□ **double**　〔dou（2 つ）+ ble（たたむ）〕
名詞　「2 倍の数、量」
形容詞「2 倍の」「二重の」
動詞　「2 倍にする」「2 倍になる」
　　　▶ We have to double our profits.
　　　（利益を 2 倍にしなければならない）

□ **duplex**　〔du（2つ）+ plex（たたむ）〕
形容詞「二重の」
名詞　「2軒建て」

□ **multiple**　〔multi（たくさん）+ ple（たたむ）〕
形容詞「多数の」
▶ You have multiple choices.
（あなたにはたくさんの選択肢があります）

□ **pleat**　〔plicare（折りたたむ）から〕
名詞　「ひだ」「プリーツ」
動詞　「〜にひだを入れる」
▶ pleated skirt（プリーツスカート）

□ **quadruple**　〔quadru（4倍）+ ple（たたむ）〕
動詞　「4倍にする」「4倍になる」
▶ The company quadrupled their profits in two years.
（その会社は2年で利益を4倍にした）

□ **simple**　〔sim（1つ）+ ple（折る）〕
形容詞「単純な」「簡潔な」
▶ Simple is best.（単純な事こそ、最高である）

□ **simpleton**　〔simple（単純な）+ ton（1つ）〕
名詞　「まぬけ」「ばか」

□ **simplex**　〔sim（1つ）+ plex（たたむ）〕
形容詞「単一の」「単純な」

□ **treble**　〔tre（3）+ ble（たたむ）〕
動詞　「3倍にする」「3倍になる」

□ **triple**　〔tri（3）+ ple（たたむ）〕
名詞　「3倍の数、量」
動詞　「3倍にする」「3倍になる」
▶ He is a professional cost-cutter who tripled this company's profits in five years.
（彼はこの会社の利益を5年間で3倍にしたプロのコストカッター（経費削減者）だ）

pli 〔折りたたむ〕

□ **accomplice**　〔ac（に）+ com（共に）+ pli（折りたたむ）+ ce〕
名詞 「共犯者」
※accompany から。
▶ An **accomplice** is a person who helps another commit a crime.
（共犯者とは他人が罪を犯すのを手助けする人のことである）

□ **applicator**　〔ap（つける）+ plicate（塗る）+ or（するもの）〕
名詞 「塗布用具」
※applicate は現在では廃語。

□ **complicate**　〔com（一緒に）+ plicate（折りたたむ）〕
動詞 「複雑にする」
▶ Don't do anything that **complicates** a current situation.
（現在の状況を複雑にさせるようなことは何もしてはいけない）

□ **duplicate**　〔du（2 倍）+ plicate（折りたたむ）〕
動詞 「複製する」「コピーを取る」
▶ Why don't you **duplicate** this document and keep it?
（この書類のコピーを取って、それを保管するのはどうですか？）

P

□ **pliable**　〔pli（折りたたむ）+ able（できる）〕
形容詞 「しなやかな」
▶ Make a teacup while clay is **pliable**.
（粘土が柔らかいうちに、お茶碗を作りなさい）

□ **pliers**　〔pli（折りたたむ）+ ers〕
名詞 「ペンチ」
▶ a pair of **pliers**（ペンチ 1 丁）
※似た表現に a pair of scissors（鋏 1 丁）、a pair of glasses（メガネ 1 個）、a pair of jeans（ジーンズ 1 着）などがある。

□ **plight**　〔plight（折りたたんだ）〕
名詞 「苦境」

ply 〔折り、折る、折りたたむ、折り込む〕

□ **apply**
〔ap（つける）+ ply（折りたたむ）〕
動詞 「応募する」「適用する」「塗る」
▶ You should apply for the famous college.
（あなたは、その有名大学に出願すべきです）
▶ You need to apply varnish several times to the chair.
（いすには、数回ニスを塗る必要がある）

□ **imply**
〔im（中に）+ ply（折り込む）〕
動詞 「ほのめかす」「暗示する」
▶ What are you implying?
（あなたは何をほのめかしているのですか？）

□ **multiply**
〔multi（たくさん）+ ply（折る）〕
動詞 「増やす」「掛ける」
▶ Multiply 7 by 6.（7に6を掛けなさい）

□ **ply**
〔ply（折り）〕
名詞 「重ね」「より」
▶ a three-ply cashmere cardigan
（3つよりのカシミヤのカーディガン）

□ **reply**
〔re（戻して）+ ply（折る）〕
動詞 「返事をする」
名詞 「返事」

point 〔点、地点、先端、突く〕

□ **appoint**
〔ap（に）+ point（突く）〕
動詞 「指名する」「任命する」

□ **appointment**
〔appoint（任命する）+ ment（名詞語尾）〕
名詞 「約束」「任命」

□ **checkpoint**
〔check（照合）+ point（点）〕
名詞 「チェックポイント」

□ **disappoint** 〔dis（逆に）+ appoint（任命する）〕
動詞 「がっかりさせる」「失望させる」
▶ Don't disappoint me.
（私をがっかりさせないでほしい）

□ **disappointed** 〔dis（逆に）+ appointed（任命された）〕
形容詞「がっかりした」「失望した」

□ **gunpoint** 〔gun（銃）+ point（先端）〕
名詞 「銃口」
▶ at gunpoint（銃を突きつけて）
▶ The banker was forced at gunpoint to open the safe.
（銀行家は拳銃を突きつけられて、金庫を開けさせられた）

□ **midpoint** 〔mid（中間の）+ point（地点）〕
名詞 「中心点」「中間点」
▶ Let's meet at the midpoint.
（中間点で妥協しましょう）

□ **point** 〔point（点）〕
名詞 「要点」
▶ Get to the point.（要点を言ってくれ）
動詞 「指さす」

□ **pointblank** 〔point（点）+ blank（的の中心の白いスポット）〕
形容詞「至近距離から直射の」
▶ He fired at pointblank range.
（彼は至近距離から発砲した）
副詞 「はっきりと」「きっぱりと」
▶ She refused pointblank.
（彼女はきっぱりと拒絶した）

□ **pointer** 〔point（指さす）+ er（物）〕
名詞 「指針」「指す人」「ポインター」〔猟犬〕

P

poly 〔多数の、多量の、多くの〕

□ **polychrome** 〔poly（多数の）+ chrome（クロム合金）〕
形容詞「多色刷りの」

□ **polyester** 〔poly（多くの）+ ester（エステル〔化学〕）〕
名詞「ポリエステル」
▶ This windbreaker is made of polyester.
（このウィンドブレーカーはポリエステル製だ）

□ **polygamous** 〔poly（多くの）+ gamous（結婚の）〕
形容詞「複婚の」「一夫多妻の」

□ **polygon** 〔poly（多くの）+ gon（角形）〕
名詞「多角形」

□ **polyglot** 〔poly（多くの）+ glot（舌）〕
形容詞「多言語の」「数ヶ国語できる」

□ **polymer** 〔poly（多くの）+ mer（化合物）〕
名詞「重合体」

□ **polyphony** 〔poly（多くの）+ phony（音）〕
名詞「多音」「多声音楽」

□ **polyvinyl** 〔poly（多くの）+ vinyl（ビニール）〕
名詞「ポリビニール」
▶ Polyvinyl chloride（ポリ塩化ビニール）
▶ Polyvinyl chloride is called as PVC in short.
（ポリ塩化ビニールは、略して PVC と呼ばれる）

port 〔運ぶ、導く、港〕

□ **export** 〔ex（外に）+ port（運ぶ）〕
動詞「輸出する」
名詞「輸出」

□ **import** 〔im（中に）+ port（運ぶ）〕
動詞「輸入する」
名詞「輸入」

□ **port**	〔port（港）〕
	名詞 「港」
	動詞 「(プログラムなどを) 移植する」
	▶ The software can be ported to your host computer.
	（このソフトウエアはあなたのホスト・コンピューターに移植することができます）

□ **portable**	〔port（運ぶ）+ able（できる）〕
	形容詞 「携帯できる」「ポータブルの」
	▶ I have to buy a portable hard disk.
	（私はポータブル・ハードディスクを買わなければなりません）

□ **portability**	〔port（運ぶ）+ ability（できること）〕
	名詞 「携帯できること」
	▶ We should design easy portability for our new folding bicycle.
	（新しい折りたたみ式自転車は、簡単に携帯できるようにデザインしなければならない）

| □ **portage** | 〔port（運ぶ）+ age（動作の過程）〕 |
| | 名詞 「運送」「運搬」 |

| □ **porter** | 〔port（運ぶ）+ er（人）〕 |
| | 名詞 「ポーター」 |

P

□ **report**	〔re（相互）+ port（運ぶ）〕
	名詞 「報告」「報道」「レポート」
	動詞 「報告する」「報道する」
	▶ The press reported on the politician's money scandal.
	（ジャーナリズムはその政治家の金銭関係のスキャンダルを報告した）

□ **sport**	〔s（dis の di が消失）+ port（運ぶ）〕
	名詞 「スポーツ」「気晴らし」
	※disport（息抜き）が短くなったもの。

□ **support**	〔sup（下から）+ port（運ぶ）〕
	動詞 「支える」「支持する」
	名詞 「支援」

□ **transport** 〔trans（横切って）+ port（運ぶ）〕
　　　　　　　　動詞　「輸送する」
　　　　　　　　　　▶ About 80% of the commercial goods are
　　　　　　　　　　　 transported by ships.
　　　　　　　　　　　（製品の約80％は船で運ばれている）

□ **transportation** 〔transport（輸送する）+ ation（名詞語尾）〕
　　　　　　　　名詞　「輸送」

□ **transporter** 〔transport（輸送する）+ er（人）〕
　　　　　　　　名詞　「輸送者」

print 〔押す、印刷する、押し付ける〕

□ **blueprint** 〔blue（青）+ print（印刷）〕
　　　　　　　　名詞　「青写真」「設計図」
　　　　　　　　　　▶ We need a **blueprint** for this house.
　　　　　　　　　　　（この家の設計図が必要です）

□ **fingerprint** 〔finger（指）+ print（押す）〕
　　　　　　　　名詞　「指紋」

□ **footprint** 〔foot（足）+ print（押す）〕
　　　　　　　　名詞　「足跡」

□ **imprint** 〔im（中に）+ print（押す）〕
　　　　　　　　名詞　「印」
　　　　　　　　動詞　「銘記する」

□ **misprint** 〔mis（ミスする）+ print（印刷する）〕
　　　　　　　　名詞　「ミスプリント」

□ **newsprint** 〔news（ニュース）+ print（印刷）〕
　　　　　　　　名詞　「新聞印刷用紙」

□ **print** 〔print（印刷）〕
　　　　　　　　名詞　「印刷物」
　　　　　　　　動詞　「印刷する」
　　　　　　　　　　▶ Let me **print** this page for you.
　　　　　　　　　　　（このページをあなたのために印刷しましょう）

□ **printable** 〔print（印刷する）+ able（できる）〕
形容詞「印刷できる」「印刷の価値がある」
▶ This is a printable cloth.
（これは印刷できる布です）

□ **printer** 〔print（印刷する）+ er（もの）〕
名詞 「プリンター」
▶ laser printer（レーザー・プリンター）
▶ page printer（ページ・プリンター）
▶ high speed printer（高速プリンター）

□ **printhead** 〔print（印刷用）+ head（頭の部分）〕
名詞 「印字ヘッド」

□ **printing** 〔print（印刷する）+ ing（こと）〕
名詞 「印刷業」「印刷術」

□ **printout** 〔print（印刷する）+ out（外へ）〕
名詞 「印刷物」「出力紙」「プリントアウト」
▶ We need to get ten more printouts.
（あと 10 部のプリントアウトが必要だ）

□ **reprint** 〔re（再び）+ print（印刷する）〕
名詞 「増刷」「重版」
動詞 「再版する」「増刷する」

P

publ 〔人の、人々の〕

□ **public** 〔publ（人々）+ ic（の）〕
形容詞 「社会の」「国民の」「公共の」「公の」
▶ make public（公開する）
▶ public bar（パブの一般席）
▶ public bill（一般的な法律案）
▶ public law（一般的法律）
▶ public company/corporation（公開会社）
▶ public defender（国選弁護人）
▶ public domain（公有地）
▶ public enemy（社会の敵、敵国）
▶ public funds（公債、国債）
▶ public opinion（世論）
▶ The minister pointed out that public opinion has had a considerable influence on this issue.（大臣はこの問題には世論が大きな影響力があったと指摘した）
▶ public policy（公序良俗、公益）
▶ public school（公立学校）
▶ public sector（政府部門）
　※private sector（民間部門）
▶ public servant（公務員、公僕）
▶ public service（公務）
▶ the public（公務員）
▶ public transportation/transport（公共輸送機関）
　※バス・列車など。
▶ You can go there faster by public transportation.（公共輸送機関を使ったほうが、そこに早く行けます）
▶ public utility（公共事業）※電気、ガス、水など。
▶ public works（公共事業、公共土木工事）

□ **publicity** 〔public（公の）+ ity（抽象名詞語尾）〕
名詞 「広報」「宣伝」

□ **publication** 〔public（公の）+ ation（すること）〕
名詞 「出版」「出版物」
▶ scientific publications（科学的な出版物）

□ **publicize** 〔public(公の)+ ize(動詞化語尾)〕
動詞 「広報する」「宣伝する」

□ **publish** 〔publ(人々)+ ish(する)〕
動詞 「出版する」「公にする」

□ **publisher** 〔publish(出版する)+ er(人、者)〕
名詞 「出版社」「発表者」
▶ The publisher publishes twenty books a year.
（その出版社は1年に20冊出版する）

pre 〔前、前に、先、先に、予め〕

□ **pre-adolescent** 〔pre(前)+ adolescent(思春期)〕
形容詞「思春期直前期の」

□ **pre-agricultural** 〔pre(前)+ agricultural(農耕の)〕
形容詞「農耕以前の」

□ **preamble** 〔pre(前)+ amble(ゆっくり歩く)〕
名詞 「前文」「前口上」「序文」

□ **preannounce** 〔pre(前)+ announce(発表する)〕
動詞 「予告する」

□ **prearrange** 〔pre(前)+ arrange(用意する)〕
動詞 「前もって手はずをする」
▶ prearrange an examination（試験の準備をする）

□ **preassigned** 〔pre(前)+ assigned(割り当てられた)〕
形容詞「前もって割り当てられた」
▶ You should sit on the preassigned seat.
（前もって割り当てられた椅子に座らなければなり
ません）

□ **precarious** 〔precari(頼んで得た)+ ous(形容詞語尾)〕
形容詞「不確かな」「不安定な」

□ **precaution** 〔pre(前もって)+ caution(用心)〕
名詞 「用心」「警戒」

□ **precede** 〔pre（先に）+ cede（行く）〕
動詞 「〜の先に立つ」「先に行く」
▶ This job precedes all others.
（この仕事は全ての仕事に優先する）

□ **precedent** 〔precede（先に行く）+ nt（接尾辞）〕
名詞 「先例」「前例」

□ **unprecedented** 〔un（ない）+ precedent（先例）+ ed〕
形容詞「先例のない」「前例のない」

□ **preclude** 〔pre（予め）+ clude（閉じる）〕
動詞 「除外する」

□ **predecessor** 〔pre（前）+ de（離れて）+ cess（行く）+ or（人）〕
名詞 「前任者」

□ **predesignate** 〔pre（前）+ designate（選定する）〕
動詞 「前もって指定する」

□ **predestine** 〔pre（前）+ destine（運命づける）〕
名詞 「（神が）定める」

□ **predetermine** 〔pre（前）+ determine（決める）〕
動詞 「前もって決める」

□ **predispose** 〔pre（前に）+ dispose（配置する）〕
動詞 「〜に向くように仕向ける」

□ **preemptive** 〔pre（先に）+ emptive（先買の）〕
形容詞「先制の」

□ **preface** 〔pre（前に）+ face（顔）〕
名詞 「序文」「前書き」「前ぶれ」
▶ This is the best preface I've ever read.
（これは私が今までに読んだ序文で最高のものだ）

□ **prefer** 〔pre（先に）+ fer（運ぶ）〕
動詞 「〜のほうを好む」

□ **prefix** 〔pre（前に）+ fix（付ける）〕
名詞 「接頭辞」

□ **prehistoric** 〔pre（前に）+ historic（歴史の）〕
形容詞「有史以前の」
▶ These artifacts are believed to be used
throughout the early **prehistoric** period.
（これらの文化遺物は初期の先史時代を通じて使用
されていたと信じられている）

□ **prehistory** 〔pre（前）+ history（歴史）〕
名詞 「先史時代」「先史」「前史」

□ **pregnant** 〔pre（前）+ gnant（生まれる）〕
形容詞「妊娠した」

□ **pregnancy** 〔pre（前）+ gnancy（生まれること）〕
名詞 「妊娠」「懐妊」
▶ a **pregnancy** test（妊娠検査）
▶ The **pregnancy** test showed the positive result.
（妊娠検査は陽性の結果を示した）

□ **prejudice** 〔pre（前）+ ju（法）+ dice（語る）〕
名詞 「先入観」「偏見」

□ **prejudiced** 〔prejudice（先入観）+ d〕
形容詞「先入観を持った」「偏見を持った」
▶ I hate to say, but your opinion is **prejudiced**. P
（申し上げにくいのですが、あなたの意見には偏見
があります）

□ **preliminary** 〔フランス語の preliminaire「敷居の前」から〕
形容詞「予備の」「準備の」
▶ You'll take a **preliminary** test next week.
（来週、あなたたちは予備試験を受けます）

□ **pregame** 〔pre（前）+ game（ゲーム）〕
形容詞「ゲーム前の」

□ **premature** 〔pre（前）+ mature（成熟した）〕
形容詞「早すぎる」
- ▶ a premature baby（早産児）
- ▶ a premature birth（早産）
- ▶ The talented young author died a premature death.
（その才能のある若い作家は早死にした）

□ **prematurity** 〔pre（前）+ maturity（成熟（期））〕
名詞「早熟」

□ **premeditate** 〔pre（前）+ meditate（じっくり考える）〕
動詞「前もって考える」

□ **prepare** 〔pre（前）+ pare（用意する）〕
動詞「準備する」
- ▶ We should prepare a report in two days.
（私たちは2日以内に報告書を準備しなければならない）

□ **preparation** 〔pre（前）+ paration（用意すること）〕
名詞「準備」「用意」
- ▶ We were forced to do the job without the least preparation.
（我々は全く準備なしにこの仕事をするよう強制された）

□ **preposition** 〔pre（前）+ position（位置）〕
名詞「前置詞」
- ▶ Common prepositions are on, to, in, at, of, and with.
（頻繁に使われる前置詞は on, to, in, at, of と with である）

□ **preserve** 〔pre（予め）+ serve（仕える）〕
動詞「保護する」「保存する」
- ▶ Refrigerators help preserve food.
（冷蔵庫は食べ物を保存するのに役立つ）

□ **preservative** 〔preserve（保存する）+ ative（語尾）〕
形容詞「保存力のある」
名詞「防腐剤」

□ **preshrunk** 〔pre（予め）+ shrunk（縮めた）〕
形容詞「防縮加工した」

□ **preside** 〔pre（予め）+ side（座る）〕
動詞 「司会を務める」
▶ Who will **preside** at the next week's conference?
（来週の総会の司会は誰が務めますか？）

□ **presume** 〔pre（予め）+ sume（取る）〕
動詞 「推定する」「思う」

□ **presumption** 〔pre（予め）+ sumption（取ること）〕
名詞 「推定」

□ **pretend** 〔pre（予め）+ tend（権利を主張する）〕
動詞 「～のふりをする」
▶ The kids closed their eyes and **pretended** they were asleep.
（子供たちは目をつぶり、寝ているふりをした）

□ **prevent** 〔pre（前に）+ vent（来る）〕
動詞 「止める」「防ぐ」「妨げる」

□ **prevention** 〔prevent（妨げる）+ ion（名詞語尾）〕
名詞 「防止」「予防」

□ **preview** 〔pre（前）+ view（見ること）〕
名詞 「試写（会）」

□ **previous** 〔pre（先）+ vi（道）+ ous（特徴のある）〕
形容詞「先の」
▶ Sorry, but I have a **previous** appointment.
（申し訳ありませんが、先約があります）

P

pro 〔前に、〜びいきの、先に〕

☐ **proactive**　〔pro（前に）＋ active（活動的な）〕
形容詞 「率先した」「先を見越して行動する」

☐ **pro-American**　〔pro（びいきの）＋ American（アメリカの）〕
形容詞 「アメリカびいきの」「親米の」

☐ **probation**　〔証明されたもの〕
「保護観察」「見習い期間」「執行猶予」

☐ **probative**　〔証明力のある〕
形容詞 「証拠となる」

☐ **problem**　〔pro（前に）＋ blem（投げる）〕
名詞 「問題」
▶ Problems occur one after another.
（問題が次から次へと起こる）

☐ **problem-solving**　〔problem（問題）＋ solving（解くこと）〕
形容詞 「問題解決の」
▶ Our consultant provided us with several problem-solving ideas.
（我々のコンサルタントが数種類の問題解決案を提供してくれた）

☐ **problematic**　〔problem（問題）＋ atic（形容詞語尾）〕
形容詞 「問題の」

☐ **proceed**　〔pro（前に）＋ ceed（行く）〕
動詞 「続ける」

☐ **proclaim**　〔pro（前に）＋ claim（断言する）〕
動詞 「公告する」「宣言する」

☐ **proconsul**　〔pro（副）＋ consul（領事）〕
名詞 「副領事」

☐ **produce**　〔pro（前に）＋ duce（導く）〕
動詞 「作り出す」「製造する」「生産する」

☐ **product**　〔pro（前に）＋ duct（導く）〕
名詞 「産物」「製品」「生産」

□ **production** 〔product（生産）+ ion（名詞語尾）〕
名詞 「製造」「生産」
▶ What's your current production capacity?
（現在の製造能力はどのくらいありますか？）

□ **progress** 〔pro（前に）+ gress（歩く）〕
名詞 「進歩」「前進」
動詞 「進歩する」「前進する」

□ **prohibit** 〔pro（前に）+ hibit（保つ）〕
動詞 「妨げる」「禁じる」
▶ Smoking is strictly prohibited in this building.
（このビル内では、喫煙は厳禁です）
▶ All ivory trafficking is prohibited.
（全ての象牙の不正取引は禁じられている）

□ **prohibition** 〔prohibit（禁じる）+ ion（名詞語尾）〕
名詞 「禁止」

□ **project** 〔pro（前に）+ ject（投げる）〕
名詞 「計画」「プロジェクト」
▶ I'm working on a new project now.
（現在は新しいプロジェクトに携わっています）
動詞 「予測する」「推定する」「投射する」

P

□ **projector** 〔project（投影する）+ or（もの）〕
名詞 「プロジェクター」

□ **projection** 〔project（推定）+ ion（名詞語尾）〕
名詞 「推定すること」「投射」

□ **pronoun** 〔pro（前に）+ noun（名詞）〕
名詞 「代名詞」
▶ Common pronouns are you, I, he, she, they, it, and that.
（普通に使われる代名詞は、you, I, he, she, they, it と that である）

□ **pronounce** 〔pro（前に）+ nounce（知らせる）〕
動詞 「発音する」「宣言する」

□ **pronunciation** 〔pronunci（発音）+ ation（名詞語尾）〕
名詞 「発音」

□ **propel** 〔pro（前に）+ pel（追い立てる）〕
動詞 「進ませる」「促す」

□ **proportion** 〔pro（前に）+ portion（部分）〕
名詞 「割合」「比率」「均整」

□ **protect** 〔pro（前に）+ tect（カバーする）〕
動詞 「守る」「保護する」

□ **protection** 〔protect（守る）+ ion（名詞語尾）〕
名詞 「保護」「保護する物・人」

□ **protective** 〔protect（守る）+ ive（形容詞語尾）〕
形容詞「保護する」
　　　▶ protective instinct（保護本能）
　　　▶ protective trade（保護貿易）

□ **protector** 〔protect（守る）+ or（人、物）〕
名詞 「保護者」「プロテクター」
　　　▶ You need to wear knee protectors.
　　　（あなたは膝用のプロテクターを着用する必要がある）

□ **proverb** 〔pro（前に）+ verb（語）〕
名詞 「金言」「格言」

pseudo 〔偽の、擬似の〕

□ **pseudoarchaic** 〔pseudo（偽の）+ archaic（古風な）〕
形容詞「擬古美術の」

□ **pseudo-biographical** 〔pseudo（擬似の）+ biographical（伝記の）〕
形容詞「擬似伝記風の」

psych, psyche, psycho 〔精神、霊魂〕

□ **psychedelic** 〔psyche（霊魂）+ del（見える）+ ic（形容詞化）〕
　　　　　　　　形容詞「幻覚を生じる」
　　　　　　　　名詞　「幻覚剤」「幻覚剤の常習者」

□ **psychiatric** 〔psych（精神）+ iatric（治療する）〕
　　　　　　　　形容詞「精神医学の」
　　　　　　　　　　　　▶ a psychiatric examination（精神鑑定）
　　　　　　　　　　　　▶ a psychiatric institution/hospital（精神病院）

□ **psychiatrist** 〔phych（精神）+ iatrist（治療する人）〕
　　　　　　　　名詞　「精神科医」

□ **psychiatry** 〔psych（精神）+ iatry（治療）〕
　　　　　　　　名詞　「精神医学」

□ **psychic** 〔psych（霊魂）+ ic（〜の）〕
　　　　　　　　形容詞「心霊の」

□ **psychoanalysis** 〔psycho（精神）+ analysis（分析）〕
　　　　　　　　名詞　「精神診断」

□ **psychodiagnosis** 〔psycho（精神）+ diagnosis（診断）〕
　　　　　　　　名詞　「精神診断」

□ **psychological** 〔psycho（精神）+ logical（論理的な）〕
　　　　　　　　形容詞「心理的な」「精神的な」
　　　　　　　　　　　　▶ psychological warfare（神経戦）

□ **psychology** 〔psycho（精神）+ logy（学）〕
　　　　　　　　名詞　「心理学」
　　　　　　　　　　　　▶ mass/mob psychology（群集心理（学））
　　　　　　　　　　　　▶ the psychology of criminals（犯罪者心理学）

□ **psychoneurosis** 〔psycho（精神）+ neurosis（神経症）〕
　　　　　　　　名詞　「ノイローゼ」

P

quad, quadr 〔4、4番目〕

□ **quadruplet** 〔quadrup（4）+ let（指小辞）〕
名詞 「四つ子の一人」

□ **quadplex** 〔quad（4）+ plex（折りたたむ）〕
名詞 「四世帯住宅」

□ **quadrangle** 〔quadr（4）+ angle（角）〕
名詞 「四角形」「中庭」

□ **quadrant** 〔quadr（4）+ ant（名詞語尾）〕
名詞 「四分円」「四分儀」

□ **quadrilateral** 〔quadri（4）+ lateral（側面の）〕
名詞 「四辺形」

□ **quadruple** 〔quadru（4）+ ple（たたむ）〕
動詞 「4倍にする」

▶ Their profits quadrupled in just one year.
（彼らの利益はたった1年で4倍になった）

□ **quadruplicate** 〔quadru（4）+ plicate（たたむ）〕
形容詞「4倍の」「4通作成の」

□ **quadruped** 〔quadru（4）+ ped（足）〕
名詞 「四足獣」

quart 〔4分の1〕

□ **quarter** 〔フランス語の quartier（4分の1）から〕
名詞 「4分の1」「四半期」「25セント硬貨」

▶ three quarters（4分の3）
▶ Let me cut an apple in quarters.
（リンゴを4等分に切りましょう）

□ **quarterly** 〔quarter（4分の1）+ ly（語尾）〕
名詞 「季刊誌」

▶ I subscribe to this quarterly.
（私はこの季刊誌を予約購読している）

□ **quartet**　〔quart（4 分の 1）+ et（指小辞）〕
　　　　　　　※quarto から派生した。
　　　　　　　名詞　「四重奏」

re 〔再び、繰り返し、～し直す〕

□ **reactivate** 〔re（再び）+ activate（活動的にする）〕
動詞 「現役に戻す」

□ **realign** 〔re（再び）+ align（一直線に並べる）〕
動詞 「再編成する」

□ **reallocate** 〔re（再び）+ allocate（配分する）〕
動詞 「再配分する」「割り当てる」
▶ We should **reallocate** one third of our staff.
（我々はスタッフの3分の1を割り当てなければな
らない）

□ **relocation** 〔re（再び）+ location（配置づけ）〕
名詞 「リロケーション」「住居の場所を変えること」

□ **reassess** 〔re（再び）+ assess（評価する）〕
動詞 「再評価する」

□ **rebuild** 〔re（再び）+ build（建てる）〕
動詞 「建て直す」
▶ After the big fire, they quickly had to **rebuild**
their manufacturing plants.
（大火事の後で彼らは至急、製造工場を建て直さな
ければならなかった）

□ **reconfirm** 〔re（再び）+ confirm（確認する）〕
動詞 「再確認する」
▶ We recommend that you should **reconfirm**
your flight 48 hours before the departing time.
（あなたの便の出発時刻の48時間前に、再確認す
ることを推奨します）

□ **reconsider** 〔re（再び）+ consider（考える）〕
動詞 「再考する」
▶ You should **reconsider** our proposal.
（あなたは我々の提案を再考すべきだ）

□ **recopy** 〔re（再び）+ copy（複写する）〕
動詞 「再複写する」

□ **refinance** 〔re（再び）+ finance（資金援助する）〕
動詞 「再融資を行う」

□ **reheat** 〔re（再び）+ heat（熱する）〕
動詞 「再加熱する」

□ **reinvent** 〔re（再び）+ invent（発明する）〕
動詞 「再発明する」
▶ That's like reinventing the wheel.
（それはわかりきったことを、最初からやり直すように無駄なことである）
※wheel（車輪）を発明し直すほど意味のないことの例え。

□ **rephrase** 〔re（〜し直す）+ phrase（言い回し）〕
動詞 「言い直す」

□ **reset** 〔re（再び）+ set（セットする）〕
動詞 「リセットする」
▶ You should reset your computer and turn it on again.
（コンピューターをリセットし、再度電源を入れてみてください）

□ **restructure** 〔re（再び）+ structure（編成する）〕
動詞 「再編成する」

□ **resubmit** 〔re（再び）+ submit（提起する）〕
動詞 「再提起する」

□ **revisit** 〔re（再び）+ visit（訪問する）〕
動詞 「再訪する」「立ち返る」
▶ We'll revisit the issue later.
（後でその問題を再度、取り上げましょう）

R

reg, regi 〔王の、国王の、支配〕、regul 〔支配する、統治者〕

□ **regal**　〔reg（王の）+ al（のような）〕
　　　　　形容詞「王の」「帝王の」
　　　　　　　　※legal は「法律上の、法定の」を意味する。

□ **regale**　〔reg（王の）+ ale（喜び）〕
　　　　　名詞　「王権」

□ **regency**　〔reg（支配）+ ency（状態）〕
　　　　　名詞　「摂政政治」

□ **regent**　〔reg（王の）+ ent（行為者を表す名詞語尾）〕
　　　　　名詞　「摂政」

□ **regicide**　〔regi（王の）+ cide（殺し）〕
　　　　　名詞　「国王殺し」

□ **regicidal**　〔regi（王の）+ cidal（殺しの）〕
　　　　　形容詞「国王殺しの」

□ **regime**　〔ラテン語の regere から〕
　　　　　名詞　「政権」「体制」

□ **Regina**　〔regina（女王）〕
　　　　　名詞　「現女王」男性の「王」は Rex。

□ **region**　〔reg（支配）+ ion（状態）〕
　　　　　名詞　「地域」
　　　　　　　▶ He is sales manager in this region.
　　　　　　　　（彼はこの地域の営業所長だ）

□ **regional**　〔region（地方）+ al（形容詞語尾）〕
　　　　　形容詞「地方の」

□ **regnal**　〔regn（王の）+ al（形容詞語尾）〕
　　　　　形容詞「治世の」

□ **regnancy**　〔regnan（王の）+ cy（名詞語尾）〕
　　　　　名詞　「統治」
　　　　　　　▶ queen regnancy（女王の統治）

□ **regnum**　〔ラテン語 regnum（統治）から〕
　　　　　名詞　「統治」　※複数 regna

□ **regular** 〔regul（統治者）+ ar（のような）〕
形容詞 「定時の」「定時に働く」「定まった」
▶ I have a regular job now.
（今は定まった仕事に就いている）

□ **regularity** 〔regular（規定する）+ ity（状態を表す名詞語尾）〕
名詞 「規則正しいこと」

□ **regularize** 〔regular（規定する）+ ize（の状態にする）〕
動詞 「秩序立てる」

□ **regularly** 〔regular（規定する）+ ly（副詞語尾）〕
副詞 「定期的に」「規則正しく」
▶ We should regularly perform physical exercise.
（我々は定期的に体操をすべきだ）

□ **regulate** 〔regul（支配する）+ ate（させる）〕
動詞 「支配する」「加減する」

rupt 〔壊す、引き裂く、敗れた〕

□ **rupture** 〔rupt（壊す）+ ure（動作の結果）〕
名詞 「破裂」「ヘルニア」
▶ a rupture in a gas tank（ガスタンクの破裂）
動詞 「破裂する」

□ **rupturable** 〔rupture（壊す）+ able（可能性のある）〕
形容詞「破裂する可能性のある」

□ **corrupt** 〔cor（完全に）+ rupt（壊す）〕
動詞 「堕落させる」

□ **corruption** 〔cor（完全に）+ rupt（壊す）+ ion（名詞語尾）〕
名詞 「堕落」「腐敗」

□ **interrupt** 〔inter（間に）+ rupt（壊す）〕
動詞 「中断する」「邪魔する」

□ **interruption** 〔inter（間に）+ rupt（壊す）+ ion（名詞語尾）〕
名詞 「中断」「妨害」

R

sal, salt, sau 〔塩、塩の〕

☐ **salami** 〔sal（塩）+ ami（にする）〕
名詞 「サラミ」

☐ **salary** 〔sal（塩の）+ ary（お金）〕
名詞 「サラリー」「給料」
※古代ローマ時代に兵士たちが塩を買うためのお金
として salary が支払われたところから。

☐ **saline** 〔sal（塩）+ ine（形容詞語尾）〕
形容詞「塩辛い」
▶ a **saline** taste（塩味）
▶ a **saline** solution（食塩溶液）

☐ **salt** 〔salt（塩）〕
名詞 「塩」
▶ Add a pinch of **salt**.
（ひとつまみの塩を加えてください）

☐ **saltwater** 〔salt（塩）+ water（水）〕
名詞 「海水」

☐ **salty** 〔salt（塩）+ y（集合体）〕
形容詞「塩辛い」

☐ **sauce** 〔sau（塩）+ ce〕
名詞 「ソース」 ※「塩」「塩味をつけた」が原義。
▶ Hunger is the best **sauce**.
（空腹は最良のソース。空腹にまずい物なし）
※ソースには Worcestershire sauce（ウースターソー
ス）、soy sauce（醤油）、ketchup、apple sauce、
mayonnaise 等がある。

☐ **saucepan** 〔sauce（ソース）+ pan（鍋）〕
名詞 「シチュー鍋」「ソースパン」

☐ **sausage** 〔sau（塩）+ sage〕
名詞 「ソーセージ」
※「塩漬けにした（salted）」「塩味をつけたもの」が
原義。

□ **science**　　〔sci（知る）+ ence（こと）〕
　　　　　　　　名詞　「科学」「サイエンス」
　　　　　　　　▶ science fiction〔SF〕（空想科学小説）
　　　　　　　　　※アメリカでは sci-fi と言う。

□ **scientific**　　〔sci（知る）+ entific〕
　　　　　　　　形容詞「科学的な」
　　　　　　　　▶ scientific method（科学的な方法）
　　　　　　　　▶ scientific misconduct（科学的な不正行為）
　　　　　　　　▶ scientific name（学名）
　　　　　　　　▶ The Nobel Prize winner in chemistry made
　　　　　　　　　several outstanding scientific achievements.
　　　　　　　　　（そのノーベル化学賞の受賞者は、数点の際立った
　　　　　　　　　科学的な業績を残した）

□ **scientist**　　〔sci（知る）+ entist〕
　　　　　　　　名詞　「科学者」
　　　　　　　　▶ The famous scientist was awarded a Nobel
　　　　　　　　　Prize in physics.
　　　　　　　　　（その有名な科学者はノーベル物理学賞を授与され
　　　　　　　　　た）

scrib, scribe 〔書く〕

□ **scribe**　　〔scribe（書く）〕
　　　　　　　　名詞　「筆記者」

□ **scribble**　　〔scrib（書く）+ ble〕
　　　　　　　　動詞　「走り書きする」
　　　　　　　　▶ I'll scribble down a draft letter.
　　　　　　　　　（私が手紙の下書きをしましょう）
　　　　　　　　▶ scribbling block（英）（はぎ取り式メモ用紙）
　　　　　　　　　※（米）scratch pad
　　　　　　　　▶ scribbling paper（英）（メモ用紙）

se〔離す、離れて〕, seg〔分ける、切る〕

□ **secret**
〔se（離す）+ cret（ふるい分ける）〕
形容詞「秘密の」「秘かな」
▶ the secret password（秘密のパスワード）
名詞 「秘密」
▶ Don't tell him about the party because it's a secret.
（パーティーについて彼に言わないでください、秘密だから）

□ **secretary**
〔secret（秘密）+ ary（名詞語尾）〕
名詞 「秘書」
▶ You can set up an appointment with my secretary.
（私の秘書からアポを取れます）

□ **seduce**
〔se（離す）+ duce（導く）〕
動詞 「誘惑する」

□ **seduction**
〔se（離す）+ duct（導く）+ ion（名詞語尾）〕
名詞 「誘惑」

□ **seductive**
〔se（離す）+ duct（導く）+ ive（形容詞語尾）〕
形容詞「魅惑的な」「誘惑的な」
▶ a seductive smile（誘惑するような笑顔）

□ **segregate**
〔se（離す）+ greg（群れ）+ ate（する）〕
動詞 「一般社会から引き離す」「分離する」
▶ African Americans were once segregated in churches, schools, and colleges.
（アフリカ系アメリカ人たちはかつて、教会、学校、大学で人種差別を受けていた）

□ **segment**
〔seg（分ける）+ ment（語尾）〕
名詞 「部分」「区分」
動詞 「分割する」

□ **separate** 〔se（離れて）+ parate（準備する）〕
形容詞「離れた」「別の」

　　　▶ Barbaric prisoners are kept separate from other prisoners in this prison.
　　　（この監獄では凶悪犯たちは他の囚人から分離されている）

名詞　「セパレーツ」
動詞　「切り離す」「分離する」「別居する」

　　　▶ The country separated education from religion in the 19th century.
　　　（その国では 19 世紀に教育と宗教を分離した）

　　　▶ The couple has been separated for the past five years.
　　　（その夫婦はこの 5 年間、別居中である）

□ **separation** 〔se（離れて）+ paration（備えること）〕
名詞　「分離」「引き離すこと」

　　　▶ separation rate（離職率）

□ **separator** 〔se（離れて）+ parator（備えるもの）〕
名詞　「分離帯」「分離する人・物」

sect 〔切る、切り離された〕

□ **sect** 〔sect（切る）〕
名詞　「分派」「党派」

□ **section** 〔sect（切る）+ tion（状態）〕
名詞　「課」「区域」「部門」

　　　▶ the personnel section（人事課）
　　　▶ section paper（方眼紙）
　　　　※graph paper（製図用紙）
　　　▶ She works in the accounting section.
　　　（彼女は経理課で働いている）

□ **sectional** 〔section（課）+ al（～の）〕
形容詞「課の」「部分の」

S

□ **sectionalism** 〔sectional（課の）+ ism（典型的な行動）〕
名詞 「セクショナリズム」
▶ Sectionalism does harm to productivity.
（セクショナリズムは生産性に害を与える）

□ **sector** 〔sect（切る）+ or（もの）〕
名詞 「部門」「分野」「セクター」
▶ public sector（政府部門）
▶ private sector（民間部門）

semi 〔半分、幾分、～に2回〕

□ **semiannual** 〔semi（半分）+ annual（毎年の）〕
形容詞 「半年ごとの」

□ **semiautomatic** 〔semi（半分）+ automatic（自動）〕
形容詞 「半自動式の」「セミオートマチックの」
名詞 「半自動小銃」
▶ Police found a semiautomatic on the sofa in the living room.
（警察は居間のソファの上で半自動式の銃を見つけた）

□ **semicircle** 〔semi（半分）+ circle（円）〕
名詞 「半円」

□ **semicolon** 〔semi（半分）+ colon（コロン）〕
名詞 「セミコロン」
▶ There are different uses for semicolons and colons.
（セミコロンとコロンには違った使い方がある）

□ **semiconductor** 〔semi（半分）+ conductor（導体）〕
名詞 「半導体」

□ **semifinal** 〔semi（半分）+ final（決勝）〕
形容詞「準決勝の」
名詞　「準決勝」

▶ Our basketball team won a semifinal, but lost the final.
（我々のバスケットボール・チームは準決勝に勝ったが、決勝で敗退した）

□ **semisoft** 〔semi（半分）+ soft（柔らかい）〕
形容詞「やや柔らかい」

seni 〔古い、老齢の、年取った〕

□ **senile** 〔seni（年取った）+ le〕
形容詞「老齢の」

▶ senile decay（老衰）
▶ senile dementia（老人性認知症）

□ **senior** 〔seni（年取った）+ or（する人）〕
形容詞「先任の」「年上の」

▶ senior citizen（お年寄り）
※基準としては、女性 60 歳以上、男性 65 歳以上と言われている。

▶ senior high school（上級高校）
※略して senior high とも言う。

▶ There are more senior citizens than young people in this community.
（この地域では若者たちより老人のほうが多い）

▶ senior management（上級経営層）
※top management（最高経営層）

名詞　「年上の人」「先任者」

□ **seniority** 〔senior（お年寄り）+ ity（状態）〕
名詞　「先輩であること」「年功序列」

▶ The promotion in this company goes by seniority.
（この会社の昇進は年功序列で行われる）

s

227

sens, sense 〔感じる〕

□ **sense**
〔sense（感じる）〕
名詞　「思慮」「分別」
- ▶ sense organ（感覚器官）
- ▶ She has a sixth sense of danger.
  （彼女は危険に対して第六感が働く）

動詞　「感じる」
- ▶ I sensed that something was fishy about the deal.
  （私はこの取引が何かうさん臭いと感じた）

□ **senseless**
〔sense（感じる）+ less（ない）〕
形容詞　「非常識な」

□ **sensible**
〔sens（感じる）+ ible（できる）〕
形容詞　「理にかなった」「賢明な」
- ▶ a sensible diet（理にかなったダイエット）
- ▶ My manager gave me a sensible suggestion.
  （私の上司が賢明な提案をしてくれた）

□ **sensibly**
〔sens（感じる）+ ibly（副詞語尾）〕
副詞　「目立って」

□ **sensibility**
〔sens（感じる）+ ibility（できること）〕
名詞　「感受性」
- ▶ She lacks sensibilities.
  （彼女は感受性に欠けている）

□ **sensitive**
〔sens（感じる）+ itive（傾向のある）〕
形容詞　「敏感な」「微妙な」
- ▶ sensitive paper（感光紙）
- ▶ You should be sensitive to people around you.
  （あなたは周りの人に気を配らなければならない）

□ **sensation**
〔sens（感じる）+ ation（名詞語尾）〕
名詞　「感じ」「感覚」「大評判」「センセーション」
- ▶ a sensation of freedom（解放感）
- ▶ He had the strange sensation that someone was watching him.
  （彼は、誰かが自分を見つめているという不思議な感じがした）

□ **sensational** 〔**sens**（感じる）+ **ation**（名詞語尾）+ **al**（〜な）〕
形容詞「すばらしい」「人騒がせな」「センセーショナルな」
 ▶ a sensational performance
 （すばらしいパフォーマンス）
 ▶ sensational news stories
 （センセーショナルなニュース記事）

□ **sensor** 〔**sens**（感じる）+ **or**（もの）〕
名詞「センサー」
 ▶ We installed infrared sensors inside and
 outside of our house.
 （自宅の室内と屋外に赤外線センサーを設置した）

□ **sensory** 〔**sens**（感じる）+ **ory**（性質のある）〕
形容詞「知覚の」
 ▶ a sensory nerve（知覚神経）

□ **sensual** 〔**sens**（感じる）+ **ual**（に関する）〕
形容詞「官能的な」「肉感的な」
 ▶ sensual pleasure（肉感的な喜び）

□ **sentiment** 〔**senti**（感じる）+ **ment**（名詞語尾）〕
名詞「感情」「感傷」
 ▶ a strong public sentiment（強い国民感情）
 ▶ You have to be tough to succeed in the
 business world. There's no room for
 sentiment.
 （ビジネスの世界ではタフでなければならない。感
 傷に浸っている余裕はない）

S

□ **sentimental** 〔**senti**（感じる）+ **ment**（名詞語尾）+ **al**（〜な）〕
形容詞「感傷的な」
 ▶ a sentimental journey（感傷旅行）
 ▶ He has sentimental ideas about the past.
 （彼は過去について感傷的な気持ちを持っている）

sept 〔7〕

□ **septagon** 〔**sept**（7）+ **agon**（角形）〕
名詞「七角形」

□ **septet** 〔sept（7）+ et（集まり）〕
名詞 「7人組」「七重奏」

□ **September** 〔septem（7）+ ber（形容詞語尾から）〕
名詞 「9月」
※古代ローマ暦は3月から始まるので。

sex 〔6〕

□ **sexangular** 〔sex（6）+ angul（角）+ ar（形容詞語尾）〕
形容詞「六角形の」

□ **sextet** 〔sex（6）+ t + et（集まり）〕
名詞 「六重奏（曲）」

□ **sexagesimal** 〔sexagesim（60）+ al（形容詞語尾）〕
形容詞「60進法の」

□ **sexagenarian** 〔sexaginta（60）+ an（人）〕
形容詞「60歳代の」

sub 〔下、次、副、やや〕

□ **subalpine** 〔sub（下）+ alpine（アルプスの高山帯）〕
形容詞「亜高山帯の」

□ **subarctic** 〔sub（次）+ arctic（北極地方の）〕
形容詞「亜北極圏の」

□ **subassembly** 〔sub（下）+ assembly（組立品）〕
名詞 「下位組立品」「下位組立」
▶ We outsource the subassembly of
components.
（部品の下位組立は外部に頼んでいる）

□ **subcommittee** 〔sub（下）+ committee（委員会）〕
名詞 「小委員会」

□ **subcompact** 〔sub（下）+ compact（コンパクトな）〕
名詞 「準小型車」
▶ We rented a **subcompact** car in Hawaii.
（私たちは準小型車をハワイでレンタルした）

□ **subcontract** 〔sub（下）+ contract（契約）〕
名詞 「下請負」

□ **subcontractor** 〔sub（下）+ contractor（契約企業）〕
名詞 「下請会社」
▶ We have more than 100 **subcontractors**.
（我々は 100 社以上の下請会社を使っている）

□ **subdivision** 〔sub（下）+ division（分割）〕
名詞 「下位区分」

□ **subeditor** 〔sub（副）+ editor（編集者）〕
名詞 「副編集者」

□ **submarine** 〔sub（下）+ marine（海の）〕
名詞 「潜水艦」
▶ Some old Russian nuclear **submarines** are
said to be submerged in the Japan Sea.
（何隻かのロシアの古い原子力潜水艦は日本海に沈
められたと言われている）

□ **submerge** 〔sub（下）+ merge（没する）〕
動詞 「水中に沈める」

□ **submit** 〔sub（下）+ mit（送る）〕
動詞 「服従させる」「提出する」
▶ You have to **submit** your monthly report by
this Friday.
（あなたたちは今週の金曜日までに月例報告書を提
出しなければならない）

□ **suborder** 〔sub（次）+ order（オーダー）〕
名詞 「二次オーダー」「亜目」〔生物〕

□ **subscribe** 〔sub（下に）+ scribe（書く）〕
動詞 「〜に署名する」「支持する」「定期購読する」

□ **subsequent** 〔sub（下に）+ sequent（続く）〕
形容詞 「その後の」
- ▶ subsequent to（～の後に）
- ▶ Terrible subsequent events followed.
  （その後、ひどい出来事が続いた）

□ **subset** 〔sub（下）+ set（集合）〕
名詞 「部分集合」「（大集団の中の）小集団」「小党」

□ **subside** 〔sub（下）+ side（座る）〕
動詞 「沈下する」

□ **substructure** 〔sub（下）+ structure（基盤）
名詞 「基礎」

□ **substitute** 〔sub（下）+ stitute（置く）〕
名詞 「代理人」「代用品」

□ **subtitle** 〔sub（副）+ title（表題）〕
名詞 「副題」

□ **subtotal** 〔sub（下）+ total（合計）〕
名詞 「小計」

□ **subvert** 〔sub（下）+ vert（曲がる）〕
動詞 「覆す」

□ **subway** 〔sub（下）+ way（道）〕
名詞 「地下鉄」
- ▶ We took subway to the museum.
  （私たちはそこに行くのに地下鉄を使った）

□ **subzero** 〔sub（下）+ zero（零度）〕
形容詞 「氷点下の」
- ▶ We have accustomed ourselves to subzero
  temperature.
  （私たちは氷点下の温度に慣れた）

☐ **surrender**　〔**sur**（上に）+ **render**（与える）〕
　　　　　　　　動詞　「降参する」「降伏する」
　　　　　　　　▶ All enemy forces in this region **surrendered** unconditionally.
　　　　　　　　（この地域の敵軍はすべて無条件降伏した）

☐ **surcharge**　〔**sur**（上に）+ **charge**（料金）〕
　　　　　　　　名詞　「追加金」「追加料金」
　　　　　　　　▶ You should pay an oil **surcharge** of $20 in addition to your ticket price.
　　　　　　　　（チケット代に加えて、20ドルのオイル用の追加料金を支払わなければなりません）

☐ **surface**　〔**sur**（上の）+ **face**（面）〕
　　　　　　　　名詞　「表面」
　　　　　　　　▶ the earth's **surface**（地球の表面）

☐ **sirloin**　〔**sur**（高級な）+ **loin**（腰）〕
　　　　　　　　名詞　「サーロイン」
　　　　　　　　▶ **sirloin** steak（サーロイン・ステーキ）
　　　　　　　　▶ I'll have ten ounces of **sirloin** steak.
　　　　　　　　（私は10オンスのサーロイン・ステーキをお願いします）

☐ **surreal**　〔**sur**（上に、超えた）+ **real**（現実）〕
　　　　　　　　形容詞　「超現実主義の」「非日常的な」

☐ **surrealism**　〔**sur**（超）+ **realism**（レアリスム）〕
　　　　　　　　名詞　「シュールレアリスム」
　　　　　　　　▶ Pablo Picasso originated **surrealism**.
　　　　　　　　（パブロ・ピカソはシュールレアリスムを始めた）

S

☐ **surrogate**　〔**sur**（上に）+ **ro** + **gate**（尋ねる）〕
　　　　　　　　名詞　「代理人」「名代」

S

sym 〔同じ、一緒に、共通の〕

b,p,m の前では sym になる。

□ **symmetry** 〔**sym**（同じ）+ **metry**（測る）〕
名詞 「シンメトリー」

□ **sympathize** 〔**sym**（同じ）+ **pathize**（感じる）〕
動詞 「同情する」「共感する」
▶ I **sympathize** with the loss of your pet.
（ペットを亡くされたことに同情いたします）

□ **sympathy** 〔**sym**（同じ）+ **pathy**（感情）〕
名詞 「同情」「共感」
▶ Please accept my **sympathies**.
（ご同情申し上げます）

□ **symphony** 〔**sym**（同じ）+ **phony**（音）〕
名詞 「シンフォニー」

□ **symptom** 〔**sym**（一緒に）+ **ptom**（起こる）〕
名詞 「症状」「兆候」

syn 〔一緒に、共通の、同じ〕

□ **synapse** 〔**syn**（同じ）+ **apse**（結びつける）〕
名詞 「接合部」「連接部」「シナプス」

□ **sync** 〔**syn**（同じ）+ **c**（**chro** の省略形）〕
名詞 「同調」「一致」
▶ in **sync**（同調して、一致して）
▶ I think we are in **sync** now.
（私たちは現在、考えが一致していると思います）

□ **synchronize** 〔**syn**（同じ）+ **chronize**（時間）〕
動詞 「同時性を持つ」「一致する」「シンクロする」

□ **synchronized** 〔**syn**（同じ）+ **chronized**（時間がかかった）〕
形容詞「同期した」
▶ **synchronized** swimming
（シンクロナイズド・スイミング）

□ **synchronization** 〔**syn**（同じ）+ **chroniza**（時間がかかる）+ **tion**（名詞語尾）〕
名詞 「同期」

□ **synchronizer** 〔**syn**（同じ）+ **chronizer**（時間を持つ人・物）〕
名詞 「同時性を持たせる人・物」

□ **synchronous** 〔**syn**（同じ）+ **chronous**（「時間」の形容詞語尾）〕
形容詞「同時性の」「同時の」

□ **syncopate** 〔**syn**（一緒に）+ **copate**（短くする）〕
動詞 「中略する」「語中音を省略する」
例　every- > ev'ry

□ **syncopated** 〔**syn**（一緒に）+ **copated**（短くした）〕
形容詞「省略した」
※abbreviated も同じ意味。

□ **syndicate** 〔**syndic**（一緒に）+ **ate**（集団）〕
名詞 「シンジケート」「企業連合」
▶ Drug trafficking is operated by a crime
syndicate.
（麻薬の不法取引は犯罪シンジケートが行ってい
る）

□ **syndrome** 〔**syn**（一緒に）+ **drome**（走る）〕
名詞 「症候群」
▶ Acquired Immune Deficiency **Syndrome**
（後天性免疫不全症候群）

□ **synergy** 〔**syn**（一緒に）+ **ergy**（仕事）〕
名詞 「相乗効果」「シナジー」
▶ Does the merger of the two companies achieve
synergy?
（その 2 社の合併は相乗効果を生みますか？）

□ **syntax** 〔**syn**（一緒に）+ **tax**（取り決める）〕
名詞 「統語法」「シンタックス」
▶ the **syntax** of English（英語の統語法）

tact 〔触る、触れる、機転、策略〕、 tactic 〔戦術の一部〕

□ **tact** 〔tact（機転）〕
名詞 「機転」「思いやり」「一振り」

□ **tactful** 〔tact（機転）＋ ful（満ちている）〕
形容詞「如才ない」

□ **tactless** 〔tact（機転）＋ less（ない）〕
形容詞「機転が利かない」

□ **tactic(s)** 〔tactic（戦術の一部）＋ ics（術）〕
名詞 「戦法（術）」「作戦」

□ **tactical** 〔tact（策略）＋ ical（形容詞語尾）〕
形容詞「策略のうまい」「駆け引き上手な」
▶ tactical unit（戦術部隊）

□ **tactician** 〔tactic（戦術の一部）＋ ian（人）〕
名詞 「戦術家」「策略家」

tain 〔保つ、持つ〕

□ **abstain** 〔abs（離れる）＋ tain（保つ）〕
動詞 「控える」「断つ」

□ **contain** 〔con（一緒に）＋ tain（持つ）〕
動詞 「含む」「持つ」
▶ What does the program contain?
（このプログラムには何が含まれていますか？）

□ **detain** 〔de（離して）＋ tain（保つ）〕
動詞 「抑止する」「引き留める」

□ **entertain** 〔enter（の間）＋ tain（保つ）〕
動詞 「もてなす」「楽しませる」
▶ Sales people sometimes entertain their customers.
（営業員たちは、時には顧客をもてなします）

□ **entertainment** 〔entertain（楽しませる）＋ ment（名詞語尾）〕
名詞 「娯楽」「もてなし」

□ **maintain** 〔main（手）+ tain（保つ）〕
動詞　「維持する」「持続する」「整備する」
▶ Machines should be **maintained** periodically.
（機械は定期的に整備されなければならない）

□ **obtain** 〔ob（完全に）+ tain（持つ）〕
動詞　「手に入れる」「得る」
▶ Where did you **obtain** this confidential document?
（あなたはどこでこの機密書類を入手したのですか？）

□ **pertain** 〔per（しっかり）+ tain（持つ）〕
動詞　「〜に関係する」「直接関係がある」
▶ matters **pertaining** to our everyday life
（我々の毎日の生活に関係すること）

□ **retain** 〔re（相互）+ tain（保つ）〕
動詞　「保持する」

□ **sustain** 〔sus（さらに）+ tain（保つ）〕
動詞　「持続する」「続ける」

tend 〔伸びる、延ばす、広げる、広がる〕

□ **tend** 〔tend（伸びる）〕
動詞　「〜の傾向がある」
▶ Most of the women in this country **tend** to be conservative.
（この国の大部分の女性は、保守的な傾向がある）

□ **tendency** 〔tend（伸びる）+ ency（性質）〕
名詞　「傾向」「癖」
▶ I have a **tendency** to scratch my back before I go to bed.
（私は寝る前に背中を掻く癖がある）

□ **tender** 〔ラテン語の tener（柔らかい）から〕
形容詞「優しい」「柔らかい」
動詞　「差し出す」

T

□ **tenderize**	〔tender（柔らかい）+ ize（する）〕 動詞 「柔らかくする」
□ **tenderizer**	〔tender（柔らかい）+ izer（するもの）〕 名詞 「食肉軟化剤」
□ **tenderloin**	〔tender（柔らかい）+ loin（腰）〕 名詞 「テンダーロイン」「ヒレ肉」 　▶ You'd better eat tenderloin instead of hams and sausages. 　（ハムやソーセージよりヒレ肉を食べたほうがいいですよ）
□ **tendon**	〔tend（伸びる）+ on（一つ）〕 名詞 「腱」 ※「伸びる」が原義。

terr, terra 〔土、地球〕

□ **terra**	〔terra（土）〕 名詞 「土地」 　▶ terra firma（大地、陸地） 　▶ terra incognita（未知の地、国）
□ **terracotta**	〔terra（土）+ cotta（焼いた）〕 名詞 「テラコッタ」
□ **terrace**	〔terra（土）+ ce（名詞語尾）〕 ※段になった土地。 名詞 「テラス」 　▶ terrace house（テラスハウス、連続住宅）
□ **terrain**	〔terrain（乗馬学校の訓練場）から〕 名詞 「地形」「地勢」「地域」 　▶ To go there, you may have to drive over some rough terrain. 　（そこに行くには、いくつかのごつごつした地域を越えて運転しなければならないでしょう）
□ **terrestrial**	〔terrestri（地球）+ al（形容詞語尾）〕 形容詞 「地球の」「陸上に住む」 　▶ terrestrial globe（地球儀）

□ **tetragon** 〔tetra（**4**）+ gon（角形）〕
名詞 「四角形」

□ **tetrapod** 〔tetra（**4**）+ pod（足）〕
名詞 「テトラポッド」
▶ The harbor was reinforced by **tetrapods**.
（その港はテトラポッドで補強された）

□ **tetralogy** 〔tetra（**4**）+ logy（学）〕
名詞 「四部劇」「四部作」

therm 〔熱、熱の、温度の〕

□ **thermal** 〔therm（熱）+ al（〜の）〕
形容詞「熱の」「温度の」
▶ **thermal** conductivity（熱伝導率）
▶ **thermal** efficiency（熱効率）
▶ **thermal** paper（感熱紙）
▶ **thermal** printer（感熱式プリンター）
▶ This fax machine uses **thermal** paper, not plain paper.
（このファックスは普通紙でなく感熱紙を使う）

□ **thermometer** 〔therm（熱）+ meter（計り）〕
名詞 「体温計」
▶ What does the **thermometer** show?
（体温計は何度を示していますか？）

□ **thermochemical** 〔thermo（熱）+ chemical（化学の）〕
形容詞「熱化学の」

□ **thermodynamic** 〔thermo（熱）+ dynamic（力学の）〕
形容詞「熱力学の」

□ **thermodynamics** 〔thermo（熱）+ dynamics（力学）〕
名詞 「熱力学」

T

tort 〔ねじる、ねじ曲げる、曲げる〕

□ **contort**
〔con（一緒に）+ tort（曲げる）〕
動詞 「ゆがめる」

□ **distort**
〔dis（反）+ tort（曲げる）〕
動詞 「ねじ曲げる」
▶ Don't distort the facts.
（事実をねじ曲げてはいけない）

□ **extort**
〔ex（外に）+ tort（ねじる）〕
動詞 「無理強いする」「奪い取る」
▶ The conman tried to extort a lot of money from the old man.
（その詐欺師はその老人から大金を巻き上げようとした）

□ **retort**
〔re（元へ）+ tort（ねじる）〕
動詞 「言い返す」
▶ Don't retort to your elders.
（年長者に言い返してはいけない）

□ **tortoise**
〔tort（ねじる）+ oise〕
名詞 「亀」 ※「ねじれた足の生き物」

□ **torture**
〔tort（ねじる）+ ure（こと）〕
名詞 「拷問」

tract 〔引く、引っ張る〕

□ **tract**
〔tract（引っ張ること）〕
名詞 「広がり」「土地」「地方」
▶ His father owns large tracts of farm land.
（彼の父親はとても広い農地を所有している）

□ **traction**
〔tract（引く）+ ion（名詞語尾）〕
名詞 「引くこと」
▶ traction wheel（動輪）

□ **tractive**
〔tract（引く）+ ive（形容詞語尾）〕
形容詞 「引く」「牽引する」

□ **tractile** 〔tract（引く）+ ile（できる）〕
形容詞 「引き延ばすことのできる」

□ **tractor** 〔tract（引く）+ or（もの）〕
名詞 「トラクター」
▶ It pays to shop around before buying a **tractor**.
（トラクターを購入する前に、何軒か見て回る努力
は報われる）

trans 〔越えて、超えて、横切って、別の状態に、別の場所へ〕

□ **transceiver** 〔trans（越えて）+ (re)ceiver（受け取るもの）〕
名詞 「トランシーバー」

□ **transact** 〔trans（超えて）+ act（行動する）〕
動詞 「処理する」「行う」

□ **transaction** 〔trans（超えて）+ act（行動する）+ ion（こと）〕
名詞 「取引」
▶ This deal should be a profitable **transaction**
for our company.
（この取引は我が社にとって利益を上げる取引に違
いない）

□ **transalpine** 〔trans（越えて）+ alpine（アルプスの）〕
形容詞「アルプスの向こう側の」「アルプスを越えて走る」
▶ We took the **transalpine** train.
（私たちはアルプスを越えて走る電車に乗った）

□ **transatlantic** 〔trans（横切って）+ atlantic（大西洋の）〕
形容詞「大西洋横断の」
▶ **Transatlantic** boat trips used to take many
days in the past.
（過去には、大西洋横断の船旅は多くの日数を要し
た）

□ **transcend** 〔trans（越える）+ cend（のぼる）〕
動詞 「越える」「〜に勝る」

□ **transcontinental** 〔trans（越える）+ continental（大陸の）〕
形容詞「大陸横断の」

T

241

□ **transcribe** 〔trans（横切って）+ scribe（書く）〕
動詞　「写す」「筆記する」

□ **transcriber** 〔trans（横切って）+ scriber（書くもの）〕
名詞　「転写機」

□ **transcript** 〔trans（横切って）+ script（手書き）〕
名詞　「写し」

□ **transcription** 〔trans（横切って）+ script（文字）+ ion（名詞語尾）〕
名詞　「写すこと」
▶ Trial records are literal transcriptions.
（裁判所の記録は逐語的な写しである）

□ **transduce** 〔trans（横切って）+ duce（導く）〕
動詞　「変換する」

□ **transfer** 〔trans（横切って）+ fer（運ぶ）〕
動詞　「移す」「転勤させる」
▶ She was transferred to the sales office in Chicago.
（彼女はシカゴの営業所に転勤させられた）
名詞　「移転」「移動」
▶ The patient died after transfer from A Hospital to B Hospital.
（その患者はA病院からB病院へ移動した後で死亡した）

□ **transform** 〔trans（別の状態に）+ form（形作る）〕
動詞　「変形させる」

□ **transformation** 〔trans（別の状態に）+ formation（形作ること）〕
名詞　「変形」「変換」

□ **transformer** 〔trans（別の状態に）+ former（形作るもの）〕
名詞　「変圧器」
※「トランス」は和製英語。
▶ You need a transformer to change alternating current to direct current.
（あなたは、交流から直流に変換する変圧器が必要です）

□ **transfuse** 〔**trans**（超えて）+ **fuse**（注ぐ）〕
動詞 「〜に輸血を行う」

□ **transfusion** 〔**trans**（超えて）+ **fusion**（注ぐこと）〕
名詞 「輸血」「注入」
▶ The patient should receive a blood **transfusion** during operation.
（患者は手術中に輸血を受けなければならない）
▶ My father has been getting drip **transfusion** for the past three days.
（私の父はこの 3 日間、点滴を受けている）

□ **transient** 〔**trans**（横切って）+ **ient**（行く）〕
形容詞「暫時の」「短期の」

□ **transition** 〔**transit**（通過する）+ **ion**（名詞語尾）〕
名詞 「変化」「転換」
▶ The company is experiencing an age of **transition**.
（その会社は転換期を経験している）

□ **transitional** 〔**transit**（通過する）+ **tion**（結果を出す）+ **al**（の性質の）〕
形容詞「変化の」「過渡的な」
▶ A **transitional** government should be appointed.
（暫定政権が設立されなければならない）

□ **transit** 〔**trans**（別の場所へ）+ **it**（行く）〕
名詞 「運送」「通過」「輸送」
▶ **transit** passenger（通過旅客）
動詞 「通過する」
▶ **Transit** passengers were requested to board the flight to their destination immediately.
（通過旅客は大至急、目的地行きの飛行機に乗るように求められた）

T

243

□ **translate** 〔trans（超えて）+ late（運ぶ）〕
動詞 「翻訳する」
▶ Please **translate** this Japanese document into English.
（この日本語の書類を英語に翻訳してください）
▶ The Bible has been **translated** into very many languages.
（聖書はとても多くの言語に翻訳されている）

□ **translation** 〔trans（超えて）+ lation（運ぶこと）〕
名詞 「翻訳」

□ **translator** 〔trans（超えて）+ lator（運ぶ人）〕
名詞 「翻訳者」「通訳者」

□ **transpacific** 〔trans（横切って）+ pacific（太平洋）〕
形容詞「太平洋横断の」
▶ **Transpacific** boat trips used to take several months.
（かつては、太平洋横断の船旅は何ヶ月もかかった）

□ **transparent** 〔trans（超えて）+ parent（見える）〕
形容詞「透明な」
▶ **transparent** soap（透明石鹸）
▶ **transparent** fabric（透けて見える布地）

□ **transport** 〔trans（別の場所へ）+ port（運ぶ）〕
動詞 「輸送する」
▶ This truck **transports** goods from New York City to Chicago.
（このトラックはニューヨーク市からシカゴへ品物を輸送する）

□ **transportability** 〔trans（別の場所へ）+ port（運ぶ）+ ability（可能性）〕
名詞 「輸送の可能性」

□ **transportable** 〔trans（別の場所へ）+ port（運ぶ）+ able（できる）〕
形容詞「輸送できる」

□ **transportation** 〔trans（別の場所へ）+ portation（運ぶこと）〕
名詞 「輸送」「輸送機関」

□ **triangle**　〔tri（3）+ angle（角）〕
名詞　「三角形」
　　　▶ eternal triangle（三角関係）

□ **tricolor**　〔tri（3）+ color（色）〕
形容詞「3 色の」「3 色旗の」

□ **tricycle**　〔tri（3）+ cycle（車輪）〕
名詞　「三輪車」
　　　▶ His father gave him a tricycle on his fifth birthday.
　　　（父親は彼に三輪車を 5 歳の誕生日にあげた）

□ **trilogy**　〔tri（3）+ logy（談話）〕
名詞　「三部作」

□ **trio**　〔ラテン語の tres（3）から〕
名詞　「トリオ」「三重奏」

□ **triple**　〔tri（3）+ ple（折りたたむ）〕
形容詞「3 倍の」「三重の」
名詞　「三塁打」
動詞　「3 倍にする」
　　　▶ The sales volume of the new IOT company has been tripled in just two years.
　　　（ほんの 2 年間で、その IOT 会社の売上は 3 倍になった）

□ **triplet**　〔tripl（3）+ et（集まりの名詞語尾）〕
名詞　「三つ組み」「三つ子の一人」

□ **triplicate**　〔tri（3）+ plic（折りたたむ）+ ate（する）〕
名詞　「3 通作成の 1 通」
　　　▶ Each of us should keep one copy of the triplicate.
　　　（我々はそれぞれ 3 通の 1 通を保管しなければならない）
動詞　「3 倍にする」

□ **trisect**　〔tri（3）+ sect（分ける）〕
動詞　「3 等分する」

T

un 〔不、未、無、非、反、反対〕

☐ **unabridged** 〔un（非）+ abridged（要約された）〕
形容詞「要約していない」
▶ The **unabridged** dictionary has more pages than the abridged edition.
（要約されていない辞書は、要約版よりもページ数が多い）

☐ **unacceptable** 〔un（不）+ acceptable（容認できる）〕
形容詞「容認できない」

☐ **unaccompanied** 〔un（無）+ accompanied（伴われた）〕
形容詞「単独の」

☐ **unaccountable** 〔un（反）+ accountable（責任のある）〕
形容詞「責任がない」
▶ The politician claimed that he was **unaccountable** for the money scandal.
（その政治家は、お金に関する不祥事には責任がないと主張した）

☐ **unadjusted** 〔un（非）+ adjusted（調整された）〕
形容詞「調整していない」

☐ **unanswered** 〔un（未）+ answered（回答した）〕
形容詞「未回答の」

☐ **unassisted** 〔un（無）+ assisted（援助された）〕
形容詞「援助のない」

☐ **unauthentic** 〔un（不）+ authentic（本物の）〕
形容詞「出所不明の」「不確実な」

☐ **unauthorized** 〔un（非）+ authorized（認可された）〕
形容詞「公認外の」

☐ **unavailable** 〔un（反）+ available（利用できる）〕
形容詞「利用できない」「入手できない」
▶ Sorry, but the magazine is **unavailable**.
（申し訳ありませんが、その雑誌はありません）

□ **unbelievable** 〔un（不）+ believable（信じられる）〕
形容詞「信じられない」
▶ Her story is totally unbelievable.
（彼女の話は全く信じられない）

□ **unbiased** 〔un（無）+ biased（偏見のある）〕
形容詞「偏見のない」
▶ His opinion is unbiased and trustworthy.
（彼の意見は偏見がなく、信用できる）

□ **uncensored** 〔un（反）+ censored（検閲した）〕
形容詞「検閲を受けていない」

□ **uncertain** 〔un（不）+ certain（確実な）〕
形容詞「確信がない」
▶ She was uncertain about how to behave.
（彼女はどう行動すればよいか確信がなかった）

□ **uncertified** 〔un（非）+ certified（証明された）〕
形容詞「証明されていない」

□ **unchanged** 〔un（不）+ changed（変化した）〕
形容詞「変化していない」

□ **uncirculated** 〔un（非）+ circulated（流通した、循環した）〕
形容詞「流通していない」

□ **unclean** 〔un（反）+ clean（きれいな）〕
形容詞「汚れた」「わいせつな」

□ **uncocked** 〔un（不）+ cocked（撃鉄をおろした）〕
形容詞「（発火しないように）撃鉄をそっとおろした」
▶ The revolver was uncocked and ready to fire.
（その拳銃の撃鉄はおりていて、発砲の準備ができ
ていた）

U

□ **uncomfortable** 〔un（不）+ comfortable（快適な）〕
形容詞「不快な」

□ **unconditional** 〔un（無）+ conditional（条件の）〕
形容詞「無条件の」
▶ The country made an unconditional surrender.
（その国は無条件降伏した）

□ **uncontrollable** 〔un（非）+ controllable（制御できる）〕
形容詞「制御できない」

□ **unconventional** 〔un（反）+ conventional（従来の）〕
形容詞「慣例に従わない」

□ **unconvincing** 〔un（不）+ convincing（納得させる）〕
形容詞「説得力のない」
▶ His story is unconvincing.
（彼の話は説得力がない）

□ **uncouth** 〔un（反）+ couth（知っている）〕
形容詞「粗野な」

□ **undefined** 〔un（不）+ defined（定義された）〕
形容詞「定義されていない」

□ **undelivered** 〔un（不）+ delivered（配達された）〕
形容詞「配達されない」

□ **undressed** 〔un（無）+ dressed（衣装を着た）〕
形容詞「裸の」
▶ Some natives were undressed.
（ある原住民たちは裸だった）

□ **unearth** 〔un（非）+ earth（地）〕
動詞 「地中から発掘する」

□ **unearned** 〔un（不）+ earned（働いて得た）〕
形容詞「働かずに得た」「労せずして得た」「不当な」

□ **uneasy** 〔un（非）+ easy（簡単な）〕
形容詞「簡単ではない」「骨の折れる」
▶ The job was uneasy.
（その仕事は骨が折れた）

□ **uneducated** 〔un（無）+ educated（教育を受けた）〕
形容詞「教育のない」

□ **unemployed** 〔un（無）+ employed（雇われた）〕
形容詞「失業した」
▶ His father is currently **unemployed**.
（彼の父親は現在、失業中だ）

□ **unenjoyable** 〔un（不）+ enjoyable（楽しい）〕
形容詞「楽しくない」

□ **unequal** 〔un（不）+ equal（等しい）〕
形容詞「不平等な」

□ **unexpected** 〔un（非）+ expected（予期した）〕
形容詞「予期しない」
▶ Their action was **unexpected**.
（彼らの行動は予測できないものだった）

□ **unfair** 〔un（不）+ fair（公平な）〕
形容詞「不公平な」
▶ That's **unfair**.（それは不公平でしょう）

□ **unfasten** 〔un（反）+ fasten（締める）〕
動詞 「緩める」
▶ Don't **unfasten** your seatbelt while you're sitting.
（着席中はシートベルトを緩めないでください）

□ **unfavorable** 〔un（不）+ favorable（好意的な）〕
形容詞「好意的でない」

□ **unfinished** 〔un（未）+ finished（完成した）〕
形容詞「未完成の」

U

□ **unforgettable** 〔un（不）+ forgettable（忘れられる）〕
形容詞「忘れられない」

□ **unforgivable** 〔un（不）+ forgivable（許される）〕
形容詞「許されない」

□ **unfriendly** 〔un（反）+ friendly（友好的に）〕
形容詞「友情を欠く」

□ **unfurnished** 〔un（無）+ furnished（家具付きの）〕
形容詞「家具付きでない」

□ **ungrateful** 〔un（不）+ grateful（感謝している）〕
形容詞「恩知らずの」
　▶ I don't make a friend with an **ungrateful** person.
　（私は恩知らずの人とは友達にならない）

□ **unhappy** 〔un（不）+ happy（幸福な）〕
形容詞「不幸な」

□ **unhealthy** 〔un（不）+ healthy（健康な）〕
形容詞「不健康な」

□ **unidentified** 〔un（未）+ identified（確認された）〕
形容詞「未確認の」
　▶ **unidentified** flying object(UFO)
　（未確認飛行物体）

□ **unimportant** 〔un（反）+ important（重要な）〕
形容詞「重要でない」

□ **uninhabited** 〔un（無）+ inhabited（人が住んだ）〕
形容詞「無人の」

□ **uninjured** 〔un（無）+ injured（負傷した）〕
形容詞「無傷の」

□ **uninterested** 〔un（無）+ interested（興味がある）〕
形容詞「無関心な」「興味がない」
　▶ I'm **uninterested** in diet anymore.
　（私はもうダイエットには興味がない）
　※disinterested は主に「公平な、私心のない」を意味する。
　　例 He gave me **disinterested** advice.
　　（彼は私に公平な助言をしてくれた）

□ **uninterrupted** 〔un（不）+ interrupted（中断された）〕
形容詞「中断されない」

250

□ **uninvited**　〔un（不）+ invited（招かれた）〕
形容詞「招かれない」
▶ She was a uninvited guest at the party.
（彼女はそのパーティーへは招かれざる客だった）

□ **unjust**　〔un（不）+ just（公正な）〕
形容詞「不公平な」

□ **unkind**　〔un（不）+ kind（親切な）〕
形容詞「不親切な」

□ **unknown**　〔un（未）+ known（知られた）〕
形容詞「未知の」

□ **unleaded**　〔un（無）+ leaded（鉛の）〕
形容詞「無鉛の」
▶ unleaded gas（無鉛ガソリン）
▶ Fill it up with unleaded gas.
（無鉛ガソリン（レギュラー）で満タンにしてください）

□ **unlicensed**　〔un（無）+ licensed（免許を持った）〕
形容詞「無免許の」

□ **unlike**　〔un（不）+ like（似ている）〕
形容詞「似ていない」
▶ The twin boys are unlike each other.
（その双子の男の子はお互いに似ていない）

□ **unlimited**　〔un（無）+ limited（制限された）〕
形容詞「無制限の」
▶ This rental car has unlimited mileage.
（このレンタカーは距離無制限で走れる）

U

□ **unlisted**　〔un（無）+ listed（リストに載った）〕
形容詞「リストに載っていない」
▶ My phone number is unlisted.
（私の電話番号は電話帳に載っていない）

□ **unlikely**　〔un（不）+ likely（～しそうだ）〕
形容詞「ありそうもない」
▶ Their success is unlikely.
（彼らの成功は可能性が少ない）

unlocked

〔un（未）+ locked（施錠された）〕
形容詞「未施錠の」
▶ The front door was unlocked.
（玄関のドアは未施錠だった）

unlucky

〔un（不）+ lucky（幸運な）〕
形容詞「運が悪い」

unnatural

〔un（不）+ natural（自然な）〕
形容詞「不自然な」

unnecessary

〔un（不）+ necessary（必要な）〕
形容詞「不必要な」
▶ This gift is unnecessary.
（このプレゼントは必要ありません）

unnoticed

〔un（無）+ noticed（気づかれた）〕
形容詞「人目を引かない」「見落とされた」
▶ The typo in the letter went unnoticed.
（手紙の中のタイプミスは見落とされてしまった）

unofficial

〔un（非）+ official（公式の）〕
形容詞「非公式の」

unpaid

〔un（無）+ paid（支払われた）〕
形容詞「無給の」

unparalleled

〔un（無）+ paralleled（匹敵した）〕
形容詞「匹敵するものがない」

unpleasant

〔un（不）+ pleasant（楽しい）〕
形容詞「不愉快な」

unplugged

〔un（無）+ plugged（電源を入れた）〕
形容詞「電源を抜いた」

unpopular

〔un（不）+ popular（人気がある）〕
形容詞「人気がない」
▶ She is unpopular among her coworkers.
（彼女は同僚の間で人気がない）

unproductive

〔un（無）+ productive（生産力のある）〕
形容詞「生産力のない」

□ **unprotected** 〔un（無）+ protected（保護された）〕
形容詞「無防備の」

□ **unpublished** 〔un（未）+ published（公表された）〕
形容詞「未発表の」
▶ An **unpublished** manuscript of the famous writer was found.
（有名な著者の未発表原稿が発見された）

□ **unqualified** 〔un（無）+ qualified（資格を持った）〕
形容詞「資格のない」
※disqualified は「～に関して資格を失う」を意味する。

□ **unquestionable** 〔un（無）+ questionable（疑わしい）〕
形容詞「疑いの余地のない」

□ **unrealistic** 〔un（非）+ realistic（現実的な）〕
形容詞「非現実的な」
▶ Your proposal is **unrealistic**.
（あなたの提案は非現実的だ）

□ **unscheduled** 〔un（無）+ scheduled（予定された）〕
形容詞「予定されていない」

□ **unscientific** 〔un（非）+ scientific（科学的な）〕
形容詞「非科学的な」
▶ This data is **unscientific**.
（このデータは非科学的だ）

□ **unselfish** 〔un（不）+ selfish（わがままな）〕
形容詞「わがままでない」

□ **unsolved** 〔un（未）+ solved（解決された）〕
形容詞「未解決の」
▶ We have to discuss one more **unsolved** issue.
（我々はもう一つの未解決問題を討論しなければならない）

□ **unspecified** 〔un（無）+ specified（明確な）〕
形容詞「明記されていない」

□ **unsteady** 〔un（不）+ steady（安定した）〕
形容詞「不安定な」

U

253

□ **unsuccessful** 〔un（不）+ successful（成功した）〕
形容詞「不成功の」
▶ Their efforts have been unsuccessful so far.
（彼らの努力は今までのところ不成功だった）

□ **unsuitable** 〔un（不）+ suitable（似合った）〕
形容詞「不適当な」「不似合いな」

□ **unsurpassed** 〔un（無）+ surpassed（より優れた）〕
形容詞「勝るものがない」

□ **unsuspected** 〔un（不）+ suspected（疑われた）〕
形容詞「怪しまれない」

□ **unsystematic** 〔un（不）+ systematic（体系的な）〕
形容詞「体系的でない」
▶ Their workflow is unsystematic and should be improved.
（彼らの仕事の流れは体系的でないので、改善されるべきだ）

□ **untapped** 〔un（未）+ tapped（飲み口をつけた）〕
形容詞「まだ利用されていない」「栓の抜かれていない」
▶ We should sell our products at an untapped market.
（我々は自分たちの製品を未開発の市場で売るべきだ）

□ **untidy** 〔un（不）+ tidy（きちんとした）〕
形容詞「きちんとしていない」

□ **untie** 〔un（反）+ tie（紐を結ぶ）〕
動詞 「～をほどく」
▶ Your shoelace is untied.
（あなたの靴紐はほどけていますよ）

□ **untouchable** 〔un（不）+ touchable（手の届かない）〕
形容詞「手の届かない」

□ **untrue** 〔un（不）+ true（真実の）〕
形容詞「偽りの」

□ **untrustworthy** 〔un（不）+ trustworthy（信頼できる）〕
形容詞「信頼できない」

□ **unusable** 〔un（不）+ usable（使用できる）〕
形容詞「使用できない」
▶ This copying machine is **unusable**.
（このコピー機は使用できない）

□ **unusual** 〔un（不）+ usual（普通の）〕
形容詞「普通でない」「変わった」

□ **unwilling** 〔un（不）+ willing（快い）〕
形容詞「好まない」
▶ He is **unwilling** to work on weekends.
（彼は週末に働くのを好まない）

□ **unwise** 〔un（不）+ wise（賢い）〕
形容詞「愚かな」

under 〔下の、下に、下位の、不十分に〕

□ **undercook** 〔under（不十分に）+ cook（料理する）〕
動詞 「生煮にする」「生焼けにする」

□ **underdeveloped** 〔under（下に）+ developed（発展した）〕
形容詞「発展途上の」
▶ There are many **underdeveloped** countries in the world.
（世界には多くの発展途上国がある）

□ **underdog** 〔under（下の）+ dog（犬）〕
名詞 「負け犬」

U

□ **underestimate** 〔under（不十分に）+ estimate（見積もる）〕
動詞 「安く見積もる」
▶ We **underestimated** our unit price by mistake.
（間違って単価を安く見積もってしまった）

□ **undergo** 〔under（下に）+ go（行動する）〕
動詞 「（試練などを）経験する」
▶ My father **underwent** a life-saving heart operation.
（私の父は生命を救う心臓手術を受けた）

□ **undergraduate** 〔under（下に）+ graduate（卒業する）〕
名詞 「在学中の大学生」「学部学生」

□ **underground** 〔under（下に）+ ground（地面）〕
形容詞「地下の」
名詞 「地下鉄」
▶ Taking **underground** is more convenient to go there.
（そこへ行くには地下鉄に乗るほうが便利だ）

□ **underhand** 〔under（下に）+ hand（手）〕
名詞 「下手投げ」

□ **underline** 〔under（下に）+ line（線）〕
名詞 「下線」
動詞 「下線を引く」
▶ You should **underline** the important words and sentences.
（重要な単語と文には下線を引きなさい）

□ **undermine** 〔under（下に）+ mine（採掘する）〕
動詞 「揺るがす」「脅かす」
▶ The several events of the previous year have **undermined** employees' confidence in the company.
（昨年のいくつかの事件が、会社に対する従業員たちの信用を揺るがした）

□ **underneath** 〔under（下に）+ neath（下に）〕
前置詞「〜の下に」

□ **underpayment** 〔under（下に）+ payment（支払い）〕
名詞 「支払い不足」

□ **understand**　〔under（下に）+ stand（立つ）〕
　　　　　　　　　※「あることの近くにいる」が原義。
　　　　　　　　　動詞　「理解する」「わかる」
　　　　　　　　　▶ I don't understand what you're saying.
　　　　　　　　　　（あなたが言っていることの意味がわからない）

□ **undersecretary**　〔under（下に）+ secretary（秘書）〕
　　　　　　　　　名詞　「次官」

□ **undertake**　〔under（下に）+ take（取る）〕
　　　　　　　　　動詞　「着手する」「引き受ける」

□ **undervalued**　〔under（下に）+ valued（評価された）〕
　　　　　　　　　形容詞「〜に値を安く見積もる」
　　　　　　　　　▶ If you feel that your contribution is
　　　　　　　　　　undervalued, just speak up.
　　　　　　　　　　（もしあなたの貢献度が低く見積もられていると感
　　　　　　　　　　じたら、異議を申し立てなさい）

□ **underwater**　〔under（下に）+ water（水面）〕
　　　　　　　　　形容詞「水面下の」

□ **underwear**　〔under（下に）+ wear（着る）〕
　　　　　　　　　名詞　「下着」
　　　　　　　　　▶ I have to wash underwear tonight at hotel.
　　　　　　　　　　（今晩、私はホテルで下着を洗濯しなければならな
　　　　　　　　　　い）

□ **underworld**　〔under（下に）+ world（世の中）〕
　　　　　　　　　名詞　「社会の最下層」

□ **underwrite**　〔under（下に）+ write（書く）〕
　　　　　　　　　動詞　「〜の下に書く」「署名する」

U

257

□ **uniform** 〔uni（1つ）+ form（形）〕
名詞 「ユニフォーム」
▶ All the employees should wear a **uniform**.
（全従業員はユニフォームを着用しなければならない）

□ **unify** 〔uni（1つ）+ fy（状態にする）〕
動詞 「一体化する」「同一にする」

□ **unilateral** 〔uni（1つ）+ lateral（側面の）〕
形容詞「一方的な」

□ **union** 〔uni（1つ）+ on〕
名詞 「一致」「組合」
▶ All non-managers should be a member of the labor **union**.
（全非管理者は労働組合の一員にならなければならない）

□ **unique** 〔uni（1つ）+ que（の）〕
形容詞「唯一の」

□ **unisex** 〔uni（1つ）+ sex（性）〕
形容詞「男女共通の」

□ **unit** 〔unit（単位）〕
※おそらく「指」から来ている。
名詞 「単位」
▶ The family is the basic **unit** of society.
（家族は社会の基本単位である）

□ **unite** 〔unite（1つに結ばれた）〕
動詞 「団結する」「結びつける」
▶ All employees **united** to protest the closing of the manufacturing plant.
（製造工場の閉鎖に抗議して、全従業員が団結した）

□ **universe** 〔uni（1つ）+ verse（統合された）〕
名詞 「宇宙」

□ **university** 〔uni（1つ）+ versity（全体）〕
名詞 「大学」
▶ My two sons are in **university**.
（私の2人の息子は大学にいます）

□ **univocal** 〔uni（1つ）+ vocal（声）〕
形容詞「意味が一つしかない」

U

value 〔価値〕

□ **value**

〔value（価値）〕

名詞 「価値」
- ▶ value-added tax（付加価値税）
- ▶ value analysis（価値分析）
- ▶ value engineering（価値工学）

動詞 「尊重する」
- ▶ We should value our lives highly.
  （我々は自分たちの生命を尊重しなければならない）

□ **valuable**

〔valu（価値）+ able（可能な）〕

形容詞 「価値のある」「貴重な」
- ▶ Thank you for your valuable piece of advice.
  （貴重な助言を頂き感謝いたします）

□ **valued**

〔value（価値）+ d〕

形容詞 「尊重される」「貴重な」

□ **valueless**

〔value（価値）+ less（ない）〕

形容詞 「無価値な」

※priceless は「金で買えない」の意味。
- ▶ These old artifacts might be valueless as commodities, but priceless as human inheritances.
  （これらの古い工芸品は、商品としては無価値かもしれないが、人類の遺産としては、お金で買えないほど貴重なものだろう）

vent 〔来る〕

□ **adventure**

〔ad（～へ）+ vent（来る）+ ure（もの）〕

名詞 「冒険」

※「起こりそうなこと」が原義。
- ▶ My grandfather still seeks adventure.
  （私の祖父はいまだに冒険を求めている）

□ **event**　〔e（外に）+ vent（来る）〕
名詞　「イベント」「出来事」
　▶ In any event it was clear that we reached our goal.
　（とにかく私たちのゴールを達成したことは明らかだった）

□ **invent**　〔in（向かって）+ vent（来る、現れる）〕
動詞　「発明する」

□ **invention**　〔in（向かって）+ vent（来る）+ ion（名詞語尾）〕
名詞　「発明」
　▶ Thomas Edison patented more than 1,000 inventions.
　（トーマス・エジソンは1000件以上の発明の特許を得た）

□ **prevent**　〔pre（前に）+ vent（来る）〕
動詞　「防ぐ」

□ **preventive**　〔pre（前に）+ vent（来る）+ ive（の性質をもつ）〕
形容詞「防止の」「予防の」
　▶ We should immediately take preventive measures against three kinds of flu.
　（我々は、すぐに3種類のインフルエンザに対する予防手段を取らなければならない）

□ **prevention**　〔pre（前に）+ vent（来る）+ ion（名詞語尾）〕
名詞　「防止」

□ **venture**　〔vent（来る）+ ure（もの）〕
※「起こりそうなこと」が原義。
名詞　「事業」
　▶ a joint venture（ジョイント・ベンチャー、合弁企業）
動詞　「思い切って言う」
　▶ Nothing ventured, nothing gained.
　（虎穴に入らずんば虎児を得ず〔危険を冒さなければ、何も得られない〕）

V

V

□ **adverse**　〔ad（〜へ）+ verse（向く）〕
形容詞「不利な」

□ **diverse**　〔di（別々の道に）+ verse（向く）〕
形容詞「多様な」
▶ He has **diverse** interests.（彼は多趣味だ）

□ **diversity**　〔di（離れて）+ vers（向く）+ ity（名詞語尾）〕
名詞　「多様性」
▶ Many employers seek **diversity** in their staffs.
（多くの雇用者は自分たちのスタッフに多様性を求めている）

□ **perverse**　〔per（完全に）+ verse（向く）〕
形容詞「ひねくれた」
※「正しいことや良いことから離れる」が原義。

□ **reverse**　〔re（後ろに）+ verse（向く）〕
名詞　「逆」「反対」
▶ in **reverse** gear（バックギアに）
▶ You should shift the gear into **reverse**.
（ギアをバックに入れなければならない）
動詞　「正反対にする」

with 〔後方へ、離れて〕

□ **withhold**　〔with（後方に）+ hold（保つ）〕
　　　　　　　動詞 「差し控える」
　　　　　　　▶ **withholding** tax（源泉徴収税）
　　　　　　　▶ We should pay a 10% **withholding** tax.
　　　　　　　　（私たちは10%の源泉徴収税を支払わなければな
　　　　　　　　らない）

□ **withdraw**　〔with（後方へ）+ draw（引く）〕
　　　　　　　動詞 「引き出す」「引き落とす」
　　　　　　　▶ I'll **withdraw** $500 from my checking account.
　　　　　　　　（私は当座預金から500ドル引き落とします）

□ **withdrawal**　〔with（離れて）+ drawal（引くこと）〕
　　　　　　　名詞 「引き出し」

□ **withstand**　〔with（離れて）+ stand（立つ）〕
　　　　　　　動詞 「逆らう」「抵抗する」
　　　　　　　▶ He cannot **withstand** temptation any longer.
　　　　　　　　（彼はこれ以上の誘惑に耐えられない）

●著者紹介●

浅見ベートーベン

英語研修サービス（有）取締役社長。日本 IBM、筑波大学大学院博士課程講師を経て、現在はビジネス英語教育に広く携わる。NHK ラジオテキスト「入門ビジネス英語」の執筆を含め、著書は 50 冊以上にのぼる。明治大学商学部及び米国コーネル大学で鳥類学を学び、ジョージア大学にてマーケット・リサーチャー・プロ資格を取得。

35 年に渡り日本 IBM に勤務し、ニューヨーク本社での 4 年間の赴任、アジア・パシフィック本社でのプロダクト・マネジャーの経験を経て、「世界のビジネスパーソンと対等に仕事をできる英語力」を手に入れる。日本 IBM では社内英語教育も担当。延べ 2000 人以上にビジネス英語を教えてきた。TOEIC® テスト満点連続取得、英検 1 級、ビジネス英検 Grade A、通訳案内業国家試験（英語）合格。

主な著書

『ビジネスパーソンのための英語イディオム辞典』（NHK 出版）、『世界で戦う 伝わるビジネス英語』『世界で戦う 英語のロジカルプレゼン』『ビジネス英語フレーズブック』（以上、明日香出版社）、『ビジネス英語の敬語』（クロスメディア・ランゲージ）、『瞬時に「わかる」! 数字の英語』（オープンゲート）、『英語の速読入門』『最新必須英文法』（以上、IBC パブリッシング）他多数。

本書の内容に関するお問い合わせは弊社HPからお願いいたします。

語源で覚える TOEIC® L&R TEST 英単語 2000

2021 年 1 月 30 日	初 版 発 行	著 者	浅見ベートーベン
2021 年 4 月 20 日	第 5 刷発行		
		発行者	石 野 栄 一

ア明日香出版社

〒112-0005 東京都文京区水道 2-11-5
電話 (03) 5395-7650 （代 表）
　　 (03) 5395-7654 （FAX）
郵便振替 00150-6-183481
https://www.asuka-g.co.jp

■スタッフ■　BP 事業部　久松圭祐／藤田知子／藤本さやか／田中裕也／朝倉優梨奈／竹中初音
　　　　　　　BS 事業部　渡辺久夫／奥本達哉／横尾一樹／関山美保子

印刷　株式会社フクイン
製本　根本製本株式会社
ISBN978-4-7569-2127-7 C0082

 ## 世界で戦う　伝わるビジネス英語

浅見ベートーベン

出張、メール、電話、プレゼン、会議など、ビジネスで英語を使わなくてはいけなくなった方へ。あらゆるビジネスシーンを想定して会話例やボキャブラリーをまとめています。MP3 CD-ROM 付き。

本体価格 2200 円＋税　A5 並製〈312 ページ〉2014/08 発行　978-4-7569-1719-5

 ## 英会話フレーズブック

多岐川恵理

英語中級者・上級者ほど、何気なく日本語で思ったことを「ああ、これって英語でなんて言うんだろう？」と悩むことが多くなるもの。そんな「言えそうで言えない」フレーズが満載です。CD 3 枚付き（日本語→英語収録）

本体価格 2500 円＋税　B6 変型〈384 ページ〉2007/08 発行　978-4-7569-1110-0

 ## イギリス英語フレーズブック

ジュミック今井

イギリスへ旅行したり、留学・転勤などでイギリスで生活する人たちが日常の様々なシーンで使える会話表現集。色々な場で使える会話フレーズ（2900）を場面別・状況別に収録。CD 3 枚付き（日本語→英語収録）

本体価格 2700 円＋税　B6 変型〈392 ページ〉2018/01 発行　978-4-7569-1948-9

TOEIC®TEST　文法完全攻略

石井 辰哉

TOEIC に必要な文法をイチから丁寧に解説。例文には厳選した TOEIC 頻出単語が盛り込んであります。覚えた文法・単語がそのままにならないよう、和訳・英訳問題でしっかり復習。

本体価格 1600 円＋税　A5 並製　〈384 ページ〉　1998/12 発行　978-4-7569-0149-2

IELTS 英単語・熟語 5000 完全攻略

塚本 亮

IELTS の試験によく出る単語をレベル別・品詞別に分け、フレーズで効率よく覚える。重要熟語も掲載。2 色刷。赤シート付き。MP3 CD-ROM 付き。

本体価格 2700 円＋税　A5 並製　〈560 ページ〉　2018/08 発行　978-4-7569-1982-3

IELTS ライティング完全攻略

塚本 亮

IELTS（アイエルツ）は、イギリス、アメリカ、カナダ、オーストラリア、ニュージーランドなどへ留学・移住を希望する人のための試験です。本書は多くの日本人が苦手とするライティングに絞り、着実にスコアアップを目指す対策本です。

本体価格 2000 円＋税　A5 並製　〈320 ページ〉　2013/07 発行　978-4-7569-1633-4

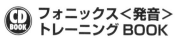

フォニックス＜発音＞トレーニング BOOK

ジュミック今井

英語のスペルには発音する際のルールがあります。母音の読み方、子音の読み方、文中に母音と子音があるときなど、いくつかのルールがあり、その中でも知っておくべきルールを丁寧に説明していきます。

本体価格 1500 円＋税　A5 並製　〈252 ページ〉　2005/02 発行　4-7569-0844-6

ドリル式フォニックス＜発音＞練習 BOOK

ジュミック今井

『フォニックス＜発音＞トレーニング BOOK』のドリル編。フォニックスの発音を徹底的にトレーニング。中学レベルの英単語を盛り込むので、単語のおさらいにもなります。これでネイティブの発音になれる！

本体価格 1600 円＋税　A5 並製　〈272 ページ〉　2009/09 発行　978-4-7569-1328-9

＜フォニックス＞できれいな英語の発音がおもしろいほど身につく本

ジュミック今井

フォニックスの基本ルールを学んだあと、英語でよく使う 60 のフレーズについて「フォニックス分解」を行い、フレーズの中でどのルールが使われているのかを確認しながら練習。リズムに乗せて発音を練習しましょう。

本体価格 1800 円＋税　A5 並製　〈304 ページ〉　2012/07 発行　978-4-7569-1563-4

 **たったの 72 パターンで
こんなに話せる中国語会話**

趙 怡華

「〜はどう？」「〜だといいね」など、決まった基本パターンを使い回せば、中国語で言いたいことが言えるようになります！　好評既刊の『72 パターン』シリーズの基本文型をいかして、いろいろな会話表現が学べます。

本体価格 1800 円 ＋ 税　B6 変型　〈216 ページ〉　2011/03 発行　978-4-7569-1448-4

 **たったの 72 パターンで
こんなに話せる韓国語会話**

李 明姫

日常会話でよく使われる基本的なパターン（文型）を使い回せば、韓国語で言いたいことが言えるようになります！　まず基本パターン（文型）を理解し、あとは単語を入れ替えれば、いろいろな表現を使えるようになります。

本体価格 1800 円 ＋ 税　B6 変型　〈216 ページ〉　2011/05 発行　978-4-7569-1461-3

 **たったの 72 パターンで
こんなに話せる台湾語会話**

趙 怡華

「〜したいです」「〜をください」など、決まったパターンを使いまわせば、台湾語は誰でも必ず話せるようになる！　これでもうフレーズ丸暗記の必要ナシ。言いたいことが何でも言えるようになります。

本体価格 1800 円 ＋ 税　B6 変型　〈224 ページ〉　2015/09 発行　978-4-7569-1794-2

たったの 72 パターンで こんなに話せるイタリア語会話

ビアンカ・ユキ
ジョルジョ・ゴリエリ

「～はどう？」「～だといいね」など、決まったパターンを使いまわせば、イタリア語は誰でも必ず話せるようになる！ これでもうフレーズ丸暗記の必要ナシ。この 72 パターンを覚えれば、言いたいことが何でも言えるようになります。

本体価格 1800 円＋税　B6 変型　〈224 ページ〉　2010/07 発行　978-4-7569-1397-5

たったの 72 パターンで こんなに話せるフランス語会話

小林 知子
エリック・フィオー

「～はどう？」「～だといいね」など、決まったパターンを使いまわせば、フランス語は誰でも必ず話せるようになる！ これでもうフレーズ丸暗記の必要ナシ。この 72 パターンを覚えれば、言いたいことが何でも言えるようになります。

本体価格 1800 円＋税　B6 変型　〈224 ページ〉　2010/08 発行　978-4-7569-1403-3

たったの 72 パターンで こんなに話せるスペイン語会話

欧米・アジア語学センター
フリオ・ルイス・ルイス

日常会話でよく使われる基本的なパターン（文型）を使い回せば、スペイン語で言いたいことが言えるようになります！ まず基本パターン（文型）を理解し、あとは単語を入れ替えれば、いろいろな表現を使えるようになります。

本体価格 1800 円＋税　B6 変型　〈224 ページ〉　2013/02 発行　978-4-7569-1611-2

イタリア語会話フレーズブック

ビアンカ・ユキ
ジョルジョ・ゴリエリ

日常生活で役立つイタリア語の会話フレーズを2900収録。状況別・場面別に、よく使う会話表現を掲載。海外赴任・留学・旅行・出張で役立つ表現も掲載。あらゆるシーンに対応できる、会話表現集の決定版！

本体価格 2800 円＋税　B6 変型　〈360 ページ〉　2007/03 発行　978-4-7569-1050-9

CD BOOK フランス語会話フレーズブック

井上 大輔／エリック・フィオー
井上 真理子

フランス好きの著者と、日本在住のフランス人がまとめた、本当に使えるフランス語会話フレーズ集！基本的な日常会話フレーズだけでなく、読んでいるだけでためになるフランス情報ガイド的な要素も盛り込みました。CD3 枚付き！

本体価格 2800 円＋税　B6 変型　〈416 ページ〉　2008/01 発行　978-4-7569-1153-7

CD BOOK スペイン語会話フレーズブック

林 昌子

日常生活で役立つスペイン語の会話フレーズを2900収録。状況別に、よく使う会話表現を掲載。スペイン語は南米の国々でも使われています。海外赴任・留学・旅行・出張で役立つ表現も掲載。あらゆるシーンに対応できる会話表現集の決定版！

本体価格 2900 円＋税　B6 変型　〈408 ページ〉　2006/05 発行　978-4-7569-0980-0

 ドイツ語会話フレーズブック

岩井 千佳子
アンゲリカ・フォーゲル

日常生活で役立つドイツ語の会話フレーズを2900
収録。状況別に、よく使う会話表現を掲載。海外赴
任・留学・旅行・出張で役立つ表現も掲載。カード
に添える言葉、若者言葉なども紹介しています。

本体価格 2900 円＋税　B6 変型　〈400 ページ〉　2006/02 発行　4-7569-0955-8

 韓国語会話フレーズブック

李 明姫

日常生活で役立つ韓国語の会話フレーズを2900
収録。状況別・場面別に、よく使う会話表現を掲載。
近年、韓国を訪れる日本人が増えています。海外赴
任・留学・旅行・出張で役立つ表現も掲載。あらゆ
るシーンに対応できる、会話表現集の決定版！

本体価格 2800 円＋税　B6 変型　〈464 ページ〉　2005/06 発行　978-4-7569-0887-2

 台湾語会話フレーズブック

趙怡華：著
陳豐惠：監修

好評既刊『はじめての台湾語』の著者が書いた、日
常会話フレーズ集です。シンプルで実用的なフレー
ズを場面別・状況別にまとめました。前作と同様、
台湾の公用語と現地語（親しい人同士）の両方の表
現を掲載しています。様々なシーンで役立ちます。
CD3 枚付き。

本体価格 2900 円＋税　B6 変型　〈424 ページ〉　2010/06 発行　978-4-7569-1391-3